인·생·중·간·점·검·프·로·젝·트

마흔에 쓰는 자서전

데이브 지음

일러두기

- 외국어는 괄호 속에 원어를 표기했다. 맨 처음 나오는 단어에만 적용했고, 두 번째부터는 하지 않았다. 일상화된 단어는 표기하지 않기도 했다.
- 책 제목은 《 》, 그 외 제목과 고유명사는 〈 〉로 표시했다.
- 이름에 이어 괄호 속에 생몰 연도를 표시했다. 불분명한 경우에는 하지 않았다.

인·생·중·간·점·검·프·로·젝·트

마흔에 쓰는 자서전

데이브 지음

일리

머리말

삶을 바꾸는
글쓰기 여행

 마흔이 되면 누구나 자신에게 질문이 많아진다. "지금 나는 인생길을 제대로 가고 있는 걸까?" "나는 누구인가?" "앞으로 남은 삶은 어떻게 살아야 할까?"…. 마흔은 불혹(不惑)이 아니라 흔들리고, 삶의 방향을 묻는 때다. 모든 것을 다시 생각하는 나이다. 마흔은 인생이라는 긴 여정의 중간 기착지이자 분기점이다.

 마흔이 되면 문득 심란해진다. 그동안은 젊음의 열정으로 앞만 보고 달릴 수 있었다. 삼십 대만 하더라도 곁눈질할 틈도 없이 목표를 향해 매진했다. 숨이 가쁘기는 했지만 고통스럽지는 않았다.
 그러다 마흔의 어느 날 불현듯 "지금 나는 인생길을 제대로 가고 있

머리말

는 걸까?"라는 의문이 든다. 그동안 해보지 않았던 물음이다. 자신을 바라보고선 "나는 누구인가?"라고 묻는다. 내가 누구인지도 모르고 살아가고 있다는 사실을 깨닫고선 화들짝 놀란다. 근본이 흔들리는 느낌에 마음은 요동친다.

어쩌다 거울을 바라보면 마흔은 현실로 다가온다. 얼굴은 팽팽함과 윤기를 잃고 푸석하기만 하다. 어느새 관리가 절실해진 모습에서 세월의 야속함을 느낀다.

"나는 잘 살아가고 있는 걸까?" 많은 이들이 자신 있게 답하지 못하고 머리를 떨군다. 패기는 사라지고 자주 두리번거린다.

마흔이 되면 가슴이 더는 뜨겁지 않다. 알지 못하는 사이에 식어 있

머리말

다. "앞으로 남은 삶은 어떻게 살아야 할까?" 미래를 알지 못해 불안하다. 현실은 뜻 같지 않아서 불편하다. 인생 반환점, 마흔이 막막하기만 하다.

답은 어제에 있다. 오늘의 내 모습에는 어제가 응축돼 있다. 삶은 축적이다. 오늘은 수많은 어제가 쌓인 결과다. 잘된 것도, 못된 것도. 어제를 되새김질하면 답을 찾을 수 있다. 보통은 옛일을 떠올리며 행복에 젖는다. 어제에 행복만 담긴 건 아니다. 분명 곱씹을 일도 있고, 삼키지 못한 일도 있고, 반추하고 싶지 않은 일도 있다. 그걸 정면으로 바라봐야 한다. 고통스러울 수도 있는 '어제 마주보기'에 답이 있다.

그 과정을 찬찬히 정리하면 답은 더 선명하게 드러난다. 써보라는 이야기다. 마흔에 자서전을 쓰면 과거 상처를 치유할 수 있고, 내가 누구인지 더 정확하게 알 수 있고, 내일에 대한 불안을 떨쳐버릴 수 있다.

마흔에 자서전을 쓰면 삶의 방향을 재정립할 수 있다. 자서전 쓰기는 자기 삶에 대한 성찰이며, 인생의 균형을 다시 잡을 수 있는 중간 점검 도구이다. 자서전 쓰기로 자기 인생의 방향타를 다시 쥘 수 있다.

자서전 쓰기는 자신이 어떤 사람인지, 무엇을 중요하게 여기는지 알게 해준다. 또 삶의 우선순위를 재정비할 수 있게 해주며, 실천 의지를 북돋워 준다.

자서전을 쓴 이후 극적인 삶의 변화를 보여준 대표적 주인공 중 한 사람은 버락 오바마(Barack Obama 1961~) 전 미국 대통령이다. 오바마는 자신의 정체성을 확고히 하고선 성장을 거듭해 미국 대통령이 됐다. 그는 케냐 출신 흑인 아버지와 미국 출신 백인 어머니 사이에서 태어났다. 어머니가 인도네시아 출신 새아버지와 재혼해 인도네시아에서 유년 시절을 보냈다. 이후에는 하와이에서 외조부모 밑에서 청소년기를 보냈다. 그는 철저히 '이방인'이었다. 방황했고, 어찌 보면 그것은 당연했다.

오바마 가족은 아메리카계, 아프리카계, 아시아계 등 다양한 인종이 섞여 있었다. 오바마로서는 정체성이 흔들리지 않을 수 없는 처지였다. 1988년 하버드대학교(Harvard University) 로스쿨 입학 직전에 오바마는 그 혼란을 안고 '나'를 찾으려고 친아버지의 나라 케냐로 떠났

|머|리|말|

다. 그곳에서 일가친척들과 만났다. 빈곤과 부족 간 갈등이 심각했던 케냐에서 그는 현실과 힘겹게 싸워야 했던 아버지를 정면으로 마주 본다. 어릴 때 딱 한 번 만났던 아버지의 무덤에 찾아가 온몸으로 아버지를 느끼고 아버지의 존재를 인정한다. 또 생에 대한 뜨거운 열정과 신념을 지니게 됐다.

오바마는 이 정체성 찾기 여행을 포함해 방황했던 어린 시절의 삶, 시카고에서의 시민운동 이야기를 담은 자서전 《내 아버지로부터의 꿈(Dreams from My Father)》을 1995년 펴냈다. 오바마는 이 책으로 '현대 정치판에 뛰어든 가장 뛰어난 문필가'(뉴스위크 Newsweek)라는 찬사를 받으며 존재를 알렸다. 1997년 일리노이 주의회 상원의원이 되면서 정치인으로서 기틀을 다지고 성장해 나갔다.

오바마가 《내 아버지로부터의 꿈》을 펴냈을 때는 서른넷이었다. '마흔도 되기 전에 자서전을?' 자서전 쓰는 데 나이 규정이나 자격 기준은 없다. 제 삶을 정리하고 되돌아보겠다는데 나이가 무슨 상관인가.

오바마 이외에도 《마흔에 쓰는 자서전》에는 마흔 이전에 자서전을 펴낸 이들이 여럿 등장한다. 화가 살바도르 달리(Salvador Dali 1904~1989)는 서른여덟이었던 1952년 자서전 《나는 세계의 배꼽이다(La Vie Secrete De Salvador Dali)》를 펴냈다. 또 마르크 샤갈(Marc Chagall, 1887~1985)은 서른다섯에 자서전 《샤갈, 내 젊음의 자서전(My Life)》을 썼다. 심지어 미국의 그래픽 아티스트 조 브레이너드(Joe Brainard 1942~1994)는 스물여덟이었던 1970년 독특한 형식의 자서전 《나는 기억한다(I Remember)》를 펴내 주목받았다.

'자서전? 유명인들이나 쓰는 것 아닌가?' 유명하고 말고는 문제 될 것이 없다. 모두의 인생은 저마다 특별한 가치를 지니고 있지 않은가. 지금은 보통 사람들이 자서전을 쓰는 시대다. 자서전은 유언장이 아니다. 쓰고 싶을 때 언제라도 쓰면 되고, 적절한 시기는 따로 없다. 자서전을 여러 번 써도 그 누구도 뭐라고 하지 않는다.

오바마, 달리, 샤갈, 브레이너드도 지금처럼 유명해서, 인생 정점에서 자서전을 쓴 게 아니다. 오바마만 하더라도 하버드대학교 로스쿨 시절 흑인 최초의 《하버드 로 리뷰(Harvard Law Review)》 편집장으

머리말

로 주목받은 정도였다. 책을 낼 때는 시카고의 시민운동가이자 대학교 전임강사였다.

안정효 작가(1941~2023)는 《안정효의 자서전을 씁시다》에서 "삶을 결산하는 적절한 시기와 인생을 정리하는 적령기는 없다"라며 "모든 순간이 자서전을 쓰기에 적절한 순간"이라고 썼다. 그는 쉰일곱 살에 《하늘에서의 명상》, 예순네 살에 《지압 장군을 찾아서》, 일흔여섯에 《세월의 설거지》, 세 번이나 자신에 관한 기록을 남겼다.

구본형 작가(1954~2013)는 나이 쉰에 《나 구본형의 변화 이야기》라는 첫 자서전을 펴내면서 "지금부터 10년에 한 권씩 나의 이야기를 편찬하려 한다. 10년마다 한 권씩의 기록을 남기려 한다"라고 공개적으로 다짐했었다.

자서전이라고 해서 꼭 일대기를 쓸 필요는 없다. 특정 시기, 사건, 주제만 다뤄도 충분히 가치 있는 자서전이 될 수 있다.

자서전이라고 하면 꼭 책으로 내야 하는 것으로 생각하는데 책으로 내지 않아도 그만이다. 컴퓨터에 파일을 저장해두고 가끔 꺼내 혼자 읽어도 좋다. 블로그 등에 쓴다면 반드시 전체 공개하지 않아도 된다. 개인의 판단에 따라 전체 공개하거나 부분 공개를 결정할 수 있고, 공개하지 않을 수도 있다.

  마흔에 쓰는 자서전은 남이 아니라 자신을 위해 쓴다. 꼭 누군가에게 보여주려고 쓰는 글이 아니다. 자기 삶을 정리하고 앞으로 나아가려고 쓴다. 멋진 표현이 아니라 진심을 담는 게 중요하다. 그러니 글을 잘못 쓴다고 주저하지 않아도 된다. 부담 갖지 않아도 된다. 있는 대로, 아는 대로, 기억나는 대로 쓰면 된다.

  마흔 살에 쓰는 자서전은 인생 전반을 정리하고 앞으로의 삶을 설계하는 강력한 자기 성찰 수단이며 미래를 여는 열쇠가 될 수 있다. 자기 점검과 목표 재설정 등 인생 전략을 설계하는 도구로서 기능할 수 있다. 쓰라린 상실과 실패, 후회를 글로 표현함으로써 감정을 정리하고 스스로 치유할 수도 있다.

  자서전은 자신에게 묻고 답하며 쓴다. 이 과정을 통해 삶의 의미를 발견하고 다른 관점에서 자신을 바라보게 된다. 자서전은 단순히 옛 추억

|머|리|말|

을 살펴보려고 쓰지 않는다. 삶의 전환을 위한 도약대로 삼으려고 쓴다. 인생을 중간 점검하려고 쓴다.

건전하고 발전적 삶을 꾀하는 데 자서전 쓰기만 한 게 없다. 세상에는 좋은 정보와 조언들이 넘쳐나지만, 그건 모두 남의 이야기일 뿐이다. 내 이야기에서 뽑아 올린 답만이 강력하다. 그게 삶을 바꾸는 원동력이다.

《마흔에 쓰는 자서전》은 그런 역할을 할 수 있게 꾸몄다. 콘셉트는 "읽고 즐기면서 자서전 쓰기를 익힐 수 있게 하자"이다. 재미와 정보를 함께 담으려 애썼다. 유명인들의 자서전에서 인생 시기별로 흥미 있는 에피소드를 가져왔다. 거기서 마흔에 쓰는 자서전은 어떠해야 하는지 시사점을 찾았다.

시간의 흐름 속에 키워드를 섞어 넣는 방식으로 구성했다. 출생에서부터 유아기, 학창 시절과 청춘기를 거쳐 마흔에 이르기까지, 시기별로 자서전에 꼭 필요한 주제어를 제시하는 형식을 취했다. 출생을 예로 들면, 김구 선생과 벤저민 프랭클린의 자서전에 나오는 출생 에피소드로 시작해서 나의 출생 이야기를 쓰는 팁으로 마무리했다. 이 형식에서 벗어난 꼭지가 몇 개 있지만, 대부분은 틀을 유지했다. 한마디로 '유명인 사례 → 보충 설명 → 자서전 쓰기 팁'의 포맷으로 썼다. 재미있게 읽으며 자연스럽게 노하우를 익힐 수 있도록 하기 위해서다.

 자서전 쓰기는 누구나 도전할 수 있다. 꼭 마흔이 아니어도 스물, 서른, 쉰, 예순도 얼마든지 자서전을 쓸 수 있다. 성장하고 성숙하고 싶다면 그 누구라도 자서전을 쓸 수 있다. 자서전을 쓰는 데는 특별한 준비가 필요하지도 않다. 의욕, 의지만 있으면 된다. 많은 이들이 자서전 쓰기에 도전해 더 보람차고 알찬 삶을 꾸려가길 기원한다.

목차

I. 그리운 그때

23 **김구 선생이 태어나던 날**
출생 스토리는 정체성을 풀어가는 열쇠
병원? 그 이외의 색다른 이야기는 없을까

30 **달리, "어머니 뱃속은 낙원이었다"**
보통 3~4세 전후부터 기억한다
오감 동원해 인생 첫 기억 떠올리기

38 **마법의 주문 '나는 기억한다, ~ '**
기억의 창고를 열어젖혀라
스스로 묻고 답하라

47 **마크 트웨인 일부러 홍역 걸리다**
글은 쓴 사람의 모든 것을 보여준다
그 시절로 돌아간 듯 감각적으로 써라

55 **샤갈은 엄마가, 안데르센은 아빠가 키웠다**
아인슈타인과 파인만이 받은 선물
유년 시절 나에게 가장 영향을 준 사람은?

63 **루소 《고백록》은 '변명록'이었다**
'문제 자서전' 끊이지 않아
얼마나 솔직하게 써야 할까?

72 **《난중일기》는 자서전이다**
'메모광' 브랜슨 회장, 아흔에 세 번째 자서전 낼 것
일기에 의미 부여하고 재구성하면 자서전이 된다

Ⅱ. 푸르던 날

83 **안네가 피임기구에 관심을 가졌던 까닭**
달리가 고백한 '그 짓'
GOD, 핑클, 드래곤볼과 나의 10대

92 **나이키 출발점은 '미친 생각'이었다**
스티븐 킹과 처칠의 학창 시절
학창 시절은 성장과 변화를 중심으로 써야

100 **정주영의 가출이 말하는 것**
포드, 토요타 자동차 창업자도 가출 청소년이었다
나는 얼마나 간절했던가

108 **이병철 달빛 밟고 와 창업 결심**
컴퓨터 3대로 시작한 아마존닷컴
창업자가 자서전에 담아야 할 이야기들

115 **색스의 첫 환자는 '호프'였다**
너무나 생생한 첫 출근의 기억

개인사와 사회사를 버무려야

123 프랭클린플래너에 담긴 추억들
다이어리, 플래너, 저널, 스케줄러
다이어리에 '박제'된 젊음을 깨워라

133 이현세는 왜 만화를 그리게 됐을까
한경희는 결단했다
나의 청춘은 얼마나 뜨거웠나

139 실패에서 탄생한 《해리포터》
성공이 마중 나오는 실패
좌절에서 무엇을 배웠는가

146 '성취형 인간' 슈워제네거
성장 마인드셋
도전과 시련, 갈등을 드라마틱하게 엮어라

154 허핑턴이 제시한 '제3의 성공'
'비교의 굴레' 벗어난 삶 원해
'나의 성공'은 무엇인가

Ⅲ. 따로, 같이할 때

165 **디지털 러브 시작되다**
추억의 오프라인 데이트 코스는
닭살 돋을 만큼 생생하게

172 **당신과 결혼하지 않았더라면…**
'스드메 패키지' 했나요?
이벤트를 엮어 스토리를 만들어라

180 **크리스티, 너무 기뻐서 화장실로 도망가다**
최고의 순간, 첫 아이 출산
기쁨으로 자서전의 가장 아름다운 페이지 만들기

187 **화려한 싱글? 마케팅이 만든 말**
왜 결혼을 기피 하나
싱글도 현실을 산다

194 **빌 게이츠의 후회와 망각**
선택하지 않은 삶에 대한 후회가 더 크다
쓸 때는 아프지만 성장한다

201 **하루키의 소확행은 속옷 모으기**
좋은 관계가 행복 부른다
언제 행복한가?

210 **클랩튼, 아들 잃고 〈Tears In Heaven〉 만들어**
펫로스, 가까운 사람 잃은 고통과 맞먹어
내 삶에서 슬픔의 의미는?

IV. 마흔 즈음

223 **안젤루는 새장에 갇힌 새가 왜 노래하는지 알았네**
마흔, 상처와 화해할 때
하루 15분, 감정 중심으로

231 **길버트, 정체 찾아 떠나다**
나를 재정의하기
정체성 탐구에 도움이 되는 질문들

239 **박정부, 마흔다섯에 밥상 놓고 창업**
'성공 맞춤형' 도전
자랑보다 정신적 성숙 보여줘야

249 **앤더슨, 9번째 이직 … 평균은 12.7번**
안정성과 성장성 함께 살펴야
고민과 갈등, 감정의 흐름 담아야

257 **모차르트처럼 벼락치기 하지 마라**
인생 중간 점검해야 할 6가지

현재 삶의 평가와 10년 미래계획

267 켈리 최 일으켜 세운 확언
"기록은 행동을 지배한다"
미래자서전은 과거형으로 쓴다

자서전 쓰기 팁

- 29 자서전이란?
- 37 자서전 형식은?
- 54 자서전 어떻게 쓰나?
- 62 연보란?
- 70 연보 작성 6단계
- 78 연보 활용법
- 91 연보 예시
- 160 성공과 실패 기록법
- 208 감정들 I
- 217 감정들 II
- 275 미래연보 예시
- 278 자서전 쓰기 10단계 가이드

I
그리운 그때

김구 선생이 태어나던 날 ················· 23
달리, "어머니 뱃속은 낙원이었다" ············ 30
마법의 주문 '나는 기억한다, ~ ' ············ 38
마크 트웨인 일부러 홍역 걸리다 ············ 47
샤갈은 엄마가, 안데르센은 아빠가 키웠다 ······· 55
루소 《고백록》은 '변명록'이었다 ············ 63
《난중일기》는 자서전이다 ················ 72

ㅁㅎㅇ ㅆㄴ ㅈㅅㅈ

김구 선생이
태어나던 날

많은 자서전이 출생 스토리로 시작한다. 대개 언제 어디서 누구누구의 아들딸로 태어났다고 쓴다. 조상을 소개하기도 한다. 특히 일대기를 다루는 자서전은 출생부터 시간 흐름 순으로 쓴 게 많다.

이는 동서양 마찬가지다. 백범 김구(金九 1876~1949) 선생이 쓴 《백범일지(白凡逸志)》나, 벤저민 프랭클린(Benjamin Franklin 1706~1790)이 낸 《프랭클린 자서전(The Autobiography of Benjamin Franklin)》은 모두 조상 이야기로 출발한다.

《백범일지》는 "우리는 안동김씨 경순왕敬順王의 자손이다. 신라의 마지막 임금 경순왕이 어떻게 고려 왕건 태조의 따님 낙랑공주의 부마가 되셔서 우리들의 조상이 되셨는지 《삼국사기》나 안동김씨 족보를 보면 알 것이다"로 시작한다.

첫 꼭지의 제목은 〈우리 집과 내 어릴 적〉이다.

《프랭클린 자서전》 첫 대목은 "사랑하는 아들에게. 나는 오래전부터 조상의 일화를 수집하는 것을 즐겼다. 조상들의 이야기라면 아무리 작은 것이라도 버리지 않았다. 언젠가 너를 데리고 영국에 갔을 때 내가 그곳 친척분들에게 이것저것 물어보던 것을 기억하고 있겠지"다.

첫 꼭지 제목은 〈집안 배경〉이다.

두 사람은 그렇게 시작해 조상, 부모, 형제 이야기를 한참 한다. 그러다 부모가 만나게 된 사연을 소개하고 자신의 출생 이야기를 이어간다.

김구 선생은 "아버지 휘諱 순영淳永은 4형제 중에 둘째분으로서 집이 가난하여 장가 못 가고 노총각으로 계시다가 24세 때에 … 현풍玄風 곽씨郭氏의 딸 열네 살 된 이와 성혼하여 종조부댁에 붙어살다가 2, 3년 후에 독립한 살림을 하시게 된 때에 내가 태어났다. 그때 어머님 나이는 열일곱이요, 푸른 밤송이 속에서 붉은 밤 한 개를 얻어서 감추어 둔 것이 태몽이라고 어머님은 늘 말씀하셨다"라며 자신의 출생 배경을 그렸다. 이어 출생에 얽힌 에피소드를 소개했다.

"병자년丙子年 7월 11일 자시子時(이날은 조모님 기일이었다)에 텃골에 있는 웅덩이 큰댁이라고 해서 조부와 백부가 사시는 집에서 태어난 것이 나다. 내 일생이 기구할 예조였는지, 그것은 유례가 없는 난산이었다. 진통이 일어난 지 5, 7일 되어도 순산은 아니 되고 어머님의 생명이 위태하게 되어 혹은 약으로, 혹은 예방으로 온갖 시험을 다 해도 효험이 없어서, 어른들의 강제로 아버지가 소의 길마를 머리에 쓰고 지붕에 올라가서 소의 소리를 내고야 비로소 내가 나왔다고 한다."

길마는 짐을 싣거나 수레를 끌기 위해 소나 말 따위의 등에 얹는 기구를 이르는 말이다.

1700년대를 산 벤저민 프랭클린은 가족사를 연구한 끝에 5대조 할아버지가 1598년에 태어났음을 확인했다. 조상, 친척, 종교 이야기를 길게 늘어놓은 뒤 아버지와 자신의 출생 이야기를 한다.

"아버지 조사이어(Josiah)가 일찍 결혼해서 아이 셋과 아내를 데리고 1682년경에 뉴잉글랜드로 이주했다. … 그곳에서 아버지는 첫 아내에게서 자식 넷을 두고 둘째 아내에게서 열을 더 두어 모두 열일곱 명의 자식을 두게 되었다. … 나는 보스턴에서 태어났으며 아들로서는 막내였으며 밑으로 누이동생이 둘 있었다. 후처인 나의 어머니는 아비아 폴저(Abiah Folger)로 뉴잉글랜드의 초기 이민자 중 한 명인 피터 폴저(Peter Folger)의 딸이다."

출생 스토리는 정체성을 풀어가는 열쇠

출생 에피소드가 모든 자서전에서 매우 중시되고 빠지지 않고 등장하는 까닭은 무엇일까. 전문가들은 사람은 모두 '나는 누구인가'에 관심이 있으며, 태생적으로 자신을 둘러싼 세계와의 연결성을 탐구하려 한다고 설명한다. 인간은 자신의 정체성을 이해하려는 본능적 욕구가 있으며, 정체성은 삶의 초기 경험과 밀접하게 연결돼 형성된다.

출생 이야기는 자신의 존재에 대한 근원적 물음, 정체성을 풀어가는 열쇠다. 출생 에피소드를 알면, 존재 이유와 가족 내 위치를 이해하고, 삶의 목적을 더 잘 정의할 수 있다. 또 삶에 의미를 부여할 수 있다.

출생 이야기는 또 가족 간의 관계를 이해하고 강화하는 매개체 역할을 하기도 한다. 부모, 조부모, 형제자매와의 관계를 이어준다. 출생 에피소드를 수집하는 과정은 가족사를 탐구하는 중요한 기회가 될 수도 있다.

그 표현이 어떠하든, 처음에 밝히든 나중에 밝히든, 출생 이야기는 어떤 자서전에서도 빠지지 않는다. 출생 이야기는 자서전 필자의 첫인상을 결정한다. 극적으로 표현하든, 사실적으로 쓰든, 회고 형식을 빌리든 나름대로 판단해 표현 방식을 선택하면 된다. 삶의 시작점을 어떻게 하면 효과적으로 전달할지를 기준으로 삼으면 된다.

출생을 서술할 때 빠뜨리지 말아야 할 게 몇 가지 있다. 출생 날짜, 장소, 주변 상황 등은 팩트를 확인해서 정확히 기록해야 한다. 출생 당시의 가족 배경, 시대적 맥락 등은 될수록 간단히 설명하는 게 좋다. 도입부 역할만 충실히 하면 된다. 간략히 다루면 된다. 에피소드에 과장이 없어야 한다. '탄생 신화'를 쓰는 게 아니라는 사실을 명심해야 한다. 사실에 바탕을 두지 않은 글은 신뢰감을 주지 못한다. 부모님이나 가족의 시각을 곁들인다면 그들의 사생활이나 감정, 정서를 침해하지 않아야 한다.

| 병원? 그 이외의 색다른 이야기는 없을까 |

나이 마흔에 출생 이야기를 쓰는 게 새삼스러울 수 있다. 이미 다 알고 있는 이야기 아닌가. 태몽을 누가 꾸었는지, 어떤 내용이었는지…. 그래도 써보면 조금 더 진지하게 내 삶의 출발점을 바라볼 수 있다. 마흔에 자서전을 쓰는 까닭은 이미 다 알고 있는 내 삶의 과거를 새롭게

느껴 보자는 취지다. 그런데 마흔쯤 된 사람들의 출생지는 대부분 병원이라는 게 문제다. 다른 사람들과의 차별성이나 개성이 전혀 없는 삶의 출발이다. 이야깃거리가 많지 않을 가능성이 크다.

'나는 19**년 *월 *일 *시 *분에 ****산부인과에서 태어났다. … 체중 *.*kg 키 **cm였다. ….' 대부분은 이렇게 육하원칙에 맞춰 쓰지 않을까. '태어나자마자 포경수술을 했다'라는 대목을 추가할 남자들이 있는 정도 아닐까.

그래도 이야깃거리를 찾아봐야 한다. 왜 하필이면 그 병원을 갔는지, 형제자매들도 같은 병원에서 났는지, 의사는 어떤 사람이었는지, 출생 과정은 순탄했는지, 아니면 난산이었는지, 나를 처음으로 본 사람들 즉 엄마 아빠 할아버지 할머니의 반응은 어땠는지….

시시콜콜한 이야기까지 챙겨두는 게 좋다. 병원과 행정기관의 공식 기록도 확인하고, 더 늦기 전에 부모님에게 물어보고 기록해 두는 게 좋다.

그 하나하나의 사실들이 어제의 나, 오늘의 나를 만들지 않았는가. 당연히 내일의 나도 그 연장선에 있다. 출생은 생물학적 삶뿐만 아니라 정신적 삶의 출발점이다.

젊은이들은 자신의 출발을 확인하고 싶어서 출생신고서 사본을 확인하기도 한다. 출생신고서 원본이 보관된 법원을 방문해 복사본을 구하고 SNS에 인증하는 게 유행일 정도다. 코팅해 보관하기도 한다. 과거 본적지가 지방이면 아버지 또는 할아버지 세대가 살았던 곳을 여행 삼아 방문하고 사본을 구하기도 한다. 출생신고서에 써진 필체를 보고선 아버지나 어머니, 또는 할아버지나 할머니 중 누구 글씨인지 챙겨보며 재미를 느낀다. 젊은 층의 뿌리에 관한 관심이 신선하다.

자서전이란?

자서전(自敍傳 autobiography)은 자기(自己)가 쓴 자기(自己)의 전기(傳記)다. 자신의 일생을 소재로 스스로 짓거나, 남에게 구술하여 쓰게 한 전기(傳記)를 말한다.

영어 autobiography는 그리스어 'auto-bios-graphein'의 합성어가 어원인 것으로 알려졌다. 순서대로 '나, 삶, 쓰다'라는 뜻이고, 조합해서 '내가 나의 삶을 쓰다'라는 의미다.

자서전에는 개인의 삶 전체를 다룬 일대기가 있고, 특정 기간이나 사건을 돌이켜 생각하며 쓴 회고록(回顧錄 memoirs)이 있다.

ㅁㅎㅇㅆㄴㅈㅅㅈ

달리,
"어머니 뱃속은 낙원이었다"

"어머니 뱃속에 있을 때 어떤 기분이었냐고 물어온다면, 나는 기막히게 쾌적한 낙원이었다고 대답하련다."

독특하고 괴이한 이미지의 화가 살바도르 달리(Salvador Dali)가 표현한 출생 전 어머니 뱃속에 있던 시절 기억이다. 그는 또 자궁 속의 낙원은 지옥의 불처럼 빨강, 주황, 노랑과 푸르스름한 색을 띠고 있고 물렁물렁, 따뜻하고 대칭적이며 끈끈하고 이중적인, 움직이지 않는 그 어떤 것이라고 덧붙였다.

이 같은 표현은 달리가 1952년 펴낸 자서전 《나는 세계의 배꼽이다(La Vie Secrete De Salvador Dali)》에 담겨 있다. 출생 전 어머니 뱃속에 있을 때 기억이라니…, 초현실주의 화가 달리답다고 해야 할까.

달리는 대부분 사람은 어머니 뱃속 시절을 전혀 기억하지 못할 터이지만, 자신은 '마치 지금 벌어지는 일처럼' 기억한다며 그렇게 묘사했다. 그러면서 이렇게 시작하는 자서전은 틀림없이 세계문학 사상 초유일 것이라고 호언장담했다.

이 황당한 이야기를 믿어야 할까. 출판사도 이 책에 '살바도르 달리의 이상한 자서전'이라는 부제를 달 정도로 달리의 자서전은 파격적이고 충격적 내용으로 가득하다. 그런데도 이 자서전은 달리의 과대망상적, 몽환적 세계관이 어떻게 초현실주의 예술로 승화되었는지 보여주며, 그의 예술 행위를 이해할 수 있는 키워드를 담았다는 평가를 듣는다.

《나는 세계의 배꼽이다》가 세상에 나왔을 때 "과연 진짜 달리의 인생인가, 아니면 또 하나의 예술 작품인가?"라는 논란이 일기도 했다. 달리는 자신을 신화화할 목적으로 자전적 글쓰기를 예술 퍼포먼스의 장으로 삼았다는 분석도 있다. 어쨌든 그의 자서전은 전통적 의미의 자서전 개념에 대한 문제의식을 불러일으켰다.

달리처럼 어머니 뱃속까지는 아니지만, 일본의 세계적 영화감독 구로사와 아키라(黒澤明 1910~1998)는 자신이 쓴 《구로사와 아키라 자서전 비슷한 것》에 한 살 때 기억을 공개해 화제가 됐다.

"나는 알몸으로 대야에 들어가 있었다. 어두컴컴한 곳에서 … 열심히

대야를 흔들었다. 그리고 홀라당 뒤집혔다. 그때 느꼈던 왠지 모를 불안과 충격, 알몸에 닿은 바닥의 미끌미끌한 감촉과 올려다봤을 때 머리 위에 무척 환한 물건이 매달려 있던 것을 생생하게 기억한다."

구로사와 아키라는 그 일을 스무 살이 넘은 뒤 어머니한테 이야기했고, 어머니는 깜짝 놀라 그건 한 살 때 할아버지 제삿날 아키타(秋田)에 있는 아버지의 고향 집에 갔을 때의 일이었다고 일러주었다.

어머니 설명에 따르면 '어두컴컴한 곳'은 부엌 겸 욕실이었다. 어머니가 그를 씻기려고 따뜻한 물을 받은 대야 속에 담그고, 당신은 옆방에서 옷을 꿰매고 있었는데 갑자기 우는 소리가 들려서 뛰어가 봤더니 그가 뒤집혀 있었다고 한다. '머리 위에서 밝게 빛난 건' 욕실에 매달려 있던 석유램프였을 것으로 추측했다.

구로사와 아키라는 "한 살 때의 그 일이 내게는 가장 오래된 기억"이라며 "당연히 태어났을 때의 기억은 없다"라고 말했다.

| 보통 3~4세 전후부터 기억한다 |

구로사와 아키라는 자신의 기억과 경험을 이야기했을 테지만 실제일까. 과학자들은 한두 살 때 일을 기억하는 사람들도 있기는 하다고 인

정한다. 특정한 감정적 충격이나 극적인 사건이 있으면 한두 살 때의 기억도 저장될 가능성이 크다는 것이다. 구로사와 아키라는 '사고'를 당한 경우여서 충격이 심해 그 일이 기억에 남았을 수도 있다.

특정한 사건을 부모가 반복해 이야기하면 기억 보존에 도움이 된다. 그래서 한두 살 때 일을 기억한다고 말하기도 한다. 구로사와 아키라는 스무 살이 넘어서야 그때 사고 이야기를 어머니와 나눴다고 하니, 해당하지 않는다. 그렇다면 같은 이야기를 반복해 기억이 강화되기보다는 그 경험이 강렬했을 가능성이 큰 듯하다. 아니면 어떤 착각이 작용했을 수도 있다. 한두 살 때의 기억이 성인이 되어서도 남아 있는 것은 매우 드물기 때문이다.

살바도르 달리와 구로사와 아키라는 천재로 손꼽히는 존재이니만큼 어머니 뱃속 시기와 한 살 때 사고를 기억할 수도 있다고 치자. 보통 사람은 어떨까. 언제부터 기억할까.

2차세계대전을 승리로 이끈 주역 중 한 명인 윈스턴 처칠(Winston Leonard Spencer Churchill 1874~1965)은 자서전에 4살 때 일을 기억한다고 밝혔다. 1874년 11월 30일생인 처칠은 1878년 할아버지가 한 연설을 생생히 기억했다. 할아버지는 한 동상 제막식에서 큰 목소리로 "일제 사격으로 적군의 전열을 무너뜨렸습니다!"라는 등의 내용이 들어있는 연설을 했다고 처칠은 1930년 펴낸 자서전 《윈스턴 처칠, 나의 청춘(My Early Life)》에 썼다.

  그 일보다 더 뚜렷이 기억하는 사건도 있었다. 같은 해 어느 날 팬터마임 공연을 보러 가기로 했는데 비가 내렸고, 극장이 불타는 바람에 보지 못했으며, 매니저 호주머니에 있던 극장 열쇠를 보고 싶었으나 들어주지 않았다는 둥 그날의 기억을 세세하게 자서전에 남겼다.

  우리의 기억은 뇌의 발달과 환경에 따라 다르게 작동하며, 개인마다 최초로 떠오르는 기억의 시점도 다르다. 대부분 사람이 의식적으로 기억하는 최초의 일은 3~4세 전후 때 한 경험이다. 뇌가 복잡한 사건이나 경험을 장기 기억으로 저장할 준비가 아직 되지 않은 상태이기 때문에 한두 살 때의 일은 대부분 기억하지 못한다.

  의식적으로 떠올리지는 못해도 아주 어릴 때 기억이 남아 있을 수 있다고 주장하는 과학자도 있다. 유아기 때도 기억을 만들기는 한다. 다만 뇌가 그 기억을 저장하는 것을 억제하기 때문에 지워진다고 학자들은 설명한다. 또 아기의 뇌가 기억을 계속 저장할 만큼 충분히 커지지 않았기 때문일 수도 있다고 여긴다. 아기의 언어나 감각 인지 능력이 성인보다 부족하기 때문이라고 주장하기도 한다. 일부 학자들은 유아기 기억 중 감정적으로 강렬하거나 스토리가 있는 경험은 성인이 되어서도 남아 있을 가능성이 크다고 설명한다.

오감 동원해 인생 첫 기억 떠올리기

첫 기억은 자신을 어떻게 바라보는지에 대한 초기 틀을 제공하기 때문에 매우 중시된다. 자아정체성 형성에 큰 역할을 하는 것으로 알려져 있다. 긍정적 경험은 자신에 대한 긍정적 이미지를 만들 수 있으며, 이는 자아존중감과 자신감에 영향을 미친다. 부정적 첫 기억은 자신에 대한 부정적 인식을 강화하고, 이는 자아정체성 형성에 부정적 영향을 미칠 수 있다.

보통 출산 과정에서 아기들은 좁은 산도(産道)를 통과할 때 고통스러워하며 그 스트레스로 인해 정신적 충격을 받는다고 주장하는 학자들도 있다. 태어날 때 정신적 외상을 겪는다는 것이다. 이는 엄마 뱃속에서 안전하고 편안하게 지내다 갑자기 빛과 소리가 있는 낯선 환경에 노출되면서 스트레스를 받는 걸 말한다. 출산 과정의 어려움, 산소 부족, 조산, 저체중 출생, 힘든 분만 과정, 의료적 개입 등 다양한 요인이 스트레스를 유발할 수 있다. 출생 과정에서 이런 외상을 겪은 아이들은 신체적 정신적 행동적 문제를 보일 수도 있다.

내 인생의 첫 기억을 자서전에 담으려면 어떻게 해야 할까. 첫 기억을 떠올리는 일은 단순한 회상이 아니다. 감정과 의미를 재발견하는 과정이다.

우선 자신에게 질문해서 기억을 탐색하는 방법이 있다.

기억 속에 남아 있는 가장 오래된 장면은 무엇인가?
그 기억에서 어떤 감정(기쁨, 슬픔, 두려움 등)을 느끼는가?
당시 환경(장소, 날씨, 주변 사람들 등)은 어땠나?
왜 이 기억이 다른 기억보다 선명히 남아 있다고 생각하는가?

기억은 시각, 청각, 후각, 촉각 등 모든 감각과 연결되어 있다. 그걸 이용해 첫 기억을 생생히 되살릴 수 있다. 어린 시절 사진을 보거나, 경험했던 냄새나 소리 떠올리기도 기억을 되살리는 데 도움이 된다. 또 부모님이나 형제자매와 어린 시절 이야기를 나누다 보면 기억을 되살릴 수 있다.

'내 인생의 첫 기억'이나 '첫 장면'을 자서전에 기록하는 것은 그 자체로 큰 의미를 지닌다. 그것이 모호하거나 재구성된 기억일지라도, 그 과정을 통해 자기 삶을 더 깊이 이해할 수 있다. 첫 기억은 단지 과거의 단편이 아니라, 현재의 자기를 만들어가는 중요한 조각임을 잊지 말아야 한다.

자서전 형식은?

자서전 형식은 소설, 체험 수기(手記), 일기, 서간문, 대담집 등 다양하다.

작가들의 자전적 소설이나 일반인들이 많이 쓰는 자전적 에세이도 모두 자서전으로 본다.

일기는 가장 짧은 자서전으로 불리며, 자전적 내용이 담긴 편지글을 묶어 자서전을 펴내기도 한다. 바빠서 직접 쓸 시간이 없어 대담한 뒤 자서전이라며 낸 책도 있다.

ㅁㅎㅇ ㅆㄴ ㅈㅅㅈ

마법의 주문
'나는 기억한다, ~'

"나는 기억한다, 화장실 물을 내린 다음 똥이 '여행하는' 경로를 떠올려보려 했던 것을."

미국의 화가, 그래픽 아티스트이자 문필가 조 브레이너드(Joe Brainard 1942~1994)가 기억한 것은 '똥의 여행'만이 아니었다. 어항에 얼음을 넣어 물고기를 몽땅 죽게 했던 일, 반 고흐를 좋아하기 위해 애썼던 일, 담배꽁초를 주워 모으던 일, 최초의 섹스와 첫 발기, 지구 반대편 사람들이 떨어져 나가지 않는 이유를 이해할 수 없었던 것….

그는 '나는 기억한다, ~ ' 형식으로만 글을 써 1970년 단행본 《나는 기억한다(I Remember)》를 펴냈다. 이 책에는 모두 1,500개의 기억이 담겼다. 예술가로서 성장해 나가는 이야기를 품은 기억의 콜라주 같은 자서전이다.

브레이너드는 살아온 나날을 돌아보고 싶었다. 그렇다고 전통적 의미의 회고록이나 자서전을 쓰고 싶지는 않았다. 당시 20대 후반, 그런 걸 쓰기에는 이른 나이였다. 통상적 글쓰기는 내키지 않았다. 자신이 살아온 이야기를 보통 자서전과는 다르게 쓰고 싶었다. 기억을 되살려 보여주는 새로운 형식을 찾아야 했다. 거듭 궁리한 끝에 기억해 낸 걸 정제하지 않고 꾸미지 않은 채 그대로 보여주기로 했다. 그게 '나는 기억한다, ~' 포맷이다. '나는 기억한다, ~'는 브레이너드의 맑고 기발한 특유의 문체와 어우러지며 마법을 부렸다. 그는 시간 흐름을 전혀 고려하지 않고, 단순히 '나는 기억한다, ~'로 시작하는 기억 조각들을 무작위적으로 나열했다. 무작위성 회상, 조각난 기억을 잇는 글쓰기는 전통적 자서전의 틀을 완벽히 허물었다. 반응이 좋았다.

미국 작가 폴 오스터(Paul Auster 1947~2024)는 "많은 이들이 자기 나름의 '나는 기억한다'를 써왔지만, 브레이너드의 원래 작품이 지닌 광채를 비슷하게라도 따라잡은 사람은 하나도 없었다"라는 추천사를 썼다.

'나는 기억한다, ~'라는 주문(呪文)에 불려 나온 기억과 회상들은 시공을 넘나들며 서로 자극하고 영향을 미쳤다. 그의 과거와 현재, 외면과 내면이 어우러졌다. 일상의 모든 기억이 교직(交織) 되며 전혀 다른 세계를 보여줬다.

'나는 기억한다, ~'는 저 의식 깊은 곳에 숨어 있는 기억도 쉽게 끌어내는 주문이었다. 효험이 소문나면서 그걸 모방한 작가가 나타났고, '짝퉁'까지 나돌았다. 한마디로 확장성이 좋았다. '나는 알지 못한다. ~' '나는 감사한다, ~' '나는 슬프다, ~' '내가 어디서 들었을까, ~' '나는 행복하다, ~' '나는 기억하지 못한다, ~' '나는 궁금하다, ~' …. 별별 '유사 주문'이 나돌았다.

그런 혼란 속에 '나는 기억한다, ~'는 글쓰기를 시작하게 해주는 어구로서 진품이자 원조임을 인정받았다. 《나는 기억한다》는 출간되자마자 글쓰기 교실에서 차용했고 미국 전역으로 번져나갔다. 글쓰기 교사와 학생, 성인들이 '나는 기억한다, ~' 주문을 글쓰기 훈련에 활용했다. 원래 취지와 목적은 잊혔다. 많은 글쓰기 교재가 이 주문 활용법을 소개하면서 글쓰기 훈련용으로 개발된 것으로 오해할 정도였다. '나는 기억한다, ~'가 마법의 주문은 아니더라도 글쓰기를 조금은 쉽게 해준다는 면에서 일정 부분 유효함은 인정해야 한다.

나이 마흔이 되면서 가끔 깜빡깜빡할 때가 있지 않은가. 기억력이 쇠퇴하기 시작했다는 신호다. 자서전을 쓰려고 책상에 앉아도 글이 술술

풀리는 날은 그다지 많지 않을 것이다. '나는 기억한다, ~' 주문을 아무리 외어도 일정 시간 지나면 새 기억이 떠오르지 않아 전전긍긍할 것이다. 굳은 머리 깊숙한 곳에, 가슴 깊은 곳에 박힌 기억을 불러오려면 특별한 기술이 필요하다. 마흔은 기억소환술을 가동하기 시작해야 할 나이다.

마흔에 자서전을 쓴다면 유년 시절은 기억의 실타래를 풀고 기억의 조각을 이어가면서 써야 한다. 어린 시절을 되돌아보면 어떤 부분은 마치 오래된 앨범 속 사진처럼 흐릿하기만 하고 잘 기억나지 않을 수 있다. 이때는 자신에게 질문을 던져 기억의 실타래를 풀어야 한다.

어린 시절을 생각하면 가장 먼저 어떤 생각이 떠오르는지?
그 기억 속에 자신 이외에 다른 사람이 있다면 누구인지?
그 상황에서 어떤 감정을 느끼는지?

이런 질문부터 시작해서 기억을 더듬어가면 많은 부분을 되살릴 수 있다.

조금 더 구체적으로 접근하려면 특정 주제를 나눠 기억을 정리할 수 있다. 가족, 학교, 친구 등으로 주제를 나누고 해당 주제와 관련된 기억을 집중적으로 떠올리고 모을 수 있다.

장소와 사람에서 힌트를 찾을 수도 있다. 어린 시절을 생각하면 가장 먼저 떠오르는 곳은 어디인가? 그곳에서 어떤 일이 있었고 어떤 의미가 있는지 설명하는 식으로 기억을 수집할 수 있다. 어린 시절 중요하게 여겼던, 친하게 지냈던 사람은 누구인지, 어떤 관계였는지, 어떤 영향을 받았는지 생각해 보는 것도 기억을 불러내는 좋은 방법이다.

| 기억의 창고를 열어젖혀라 |

일기나 메모, SNS, 옛 기록을 찾아보면 기억을 좀 더 쉽게 되살릴 수 있다. 옛 일기장, 업무 수첩, 가계부, 편지, 메일, SNS에 남긴 글을 다시 읽으면 기억이 더 선명해질 수 있다. 이런 기록물을 읽으면 글을 쓸 때 감정까지도 느낄 수 있다.

사진, 영상, 소장품은 기억을 불러오는 촉매제 역할을 할 수 있다. 사진이나 영상 속 표정 배경 옷이 기억을 자극해 생각하지 못 한 일을 떠올릴 수도 있다. 소장품에 담긴 사연도 쉽게 기억을 불러온다. 심리학적으로 과거 경험을 상기시키는 이런 '외부 단서(external cue)'는 장기 기억을 활성화하는 핵심 매개물이다. 외부 단서는 기억 저장고를 여는 열쇠 역할을 한다.

기억은 혼자서 떠올릴 수 있지만, 가족 친구 지인과 대화하면 그 기억을 확장할 수 있다. 대화를 통해 기억을 더 풍성하게 만들 수 있다. 기억을 서로 나눔으로써 잘못 알고 있었던 걸 바로 잡을 수 있다. 기억을 상호 보완하면서 미처 깨닫지 못했던 상황적 맥락이나 배경을 제대로 알 수 있게 된다.

기억은 음악 냄새 맛 등 청각, 후각, 미각에 의해서도 강하게 환기된다. 음악에서 학창 시절을, 장작 타는 냄새에서 캠프파이어를, 된장찌개에서 어머니 손맛을 떠올릴 마흔은 많지 않은가. 또 옛집, 모교 등 추억이 깃든 곳을 찾아가는 것도 기억 재생에 큰 도움이 된다.

기억 조각을 모아 시간 순서대로 타임라인을 작성하면 기억을 더 체계적으로 정리할 수 있다. 초등학교 입학, 이사, 해외여행 등 주요 사건을 기준점으로 삼아 정리하면 된다. 타임라인을 활용하면, 조각난 기억들이 순서와 맥락 속에서 재배열되며 훨씬 더 선명해진다.

기억은 한 번 물꼬가 터지면 옛일이 실타래 풀리듯 떠오른다. 2016년 노벨문학상을 받은 가수 밥 딜런(Bob Dylan 1941~)이 자서전 《바람만이 아는 대답: 밥 딜런 자서전(Chronicles)》을 쓸 때 경험담이 그걸 말해준다. 밥 딜런은 자서전 출판 후 〈선데이 텔레그래프(Sunday Telegraph)〉와 가진 인터뷰에서 오래된 일을 떠올릴 자신이 없었지만, 기억의 창고가 열리자 만났던 사람들의 생김새나 어떤 옷을 입었는지 등이 너무나 생생히 떠올랐다고 말했다. 자서전은 수동식 타자기를 두들겨 썼다. 그의 자서전은 2004년 〈뉴욕타임스(NYT)〉가 뽑은 올해

최고의 책에 선정됐으며, 〈내셔널 북 어워드(National Book Critics Circle Award)〉를 수상했다. 음유시인으로 불린 그의 글 실력은 정평이 났다. 그의 노래 가사는 미국 고교와 대학의 교과서에 실릴 정도로 문학적 가치를 인정받았다.

밥 딜런의 경험은 기억을 되살릴 실마리를 풀기만 하면 기억의 창고가 열리고 쓸 거리와 디테일이 생생하게 살아난다는 사실을 보여주고 있다. 실마리만 찾으면 자서전 쓰기가 그렇게 어렵지 않을 것이다.

| 스스로 묻고 답하라 |

실마리를 어떻게 찾을까. 자문자답이 가장 좋은 수단 중 하나다. 스스로 묻다 보면 기억들이 되살아난다. 자서전을 더 다양한 이야기로 풍성하게 꾸밀 수 있다.

'인생에서 가장 감사했던 순간은 언제였나?'
'가장 후회되는 선택은 무엇이었나?'
'삶의 전환점이 되었던 사건은 무엇이었나?'

이와 같은 질문을 자신에게 던지고 답해보라. 다음 예시를 참고하면

각 인생 주기별로 자신에게 던질 질문을 더 찾을 수 있을 것이다.

1. 0세~12세
- 어린 시절 가장 행복했던 기억은?
- 가장 좋아했던 놀이 또는 취미는?
- 어릴 때 꿈꾸던 장래 희망은?
- 어릴 때 가장 두려웠던 것은?
- 가장 좋아했던 동화나 이야기는?

2. 13세~18세
- 사춘기 때 가장 큰 고민은?
- 첫사랑에 대한 기억은?
- 학창 시절 가장 자랑스러웠던 성취는?
- 반항심이 들었던 순간은?
- 미래에 대한 꿈과 계획은?

3. 19세~29세
- 대학 진학을 앞두고 가장 고민했던 부분은?
- 독립해서 살게 되었을 때 기분은?
- 사랑과 연애에 대한 가치관은 어떻게 형성되었나?

- 사회생활을 시작하며 느낀 현실과 이상의 차이는?
- 성인 초기에 세운 목표 중 달성한 것은?

4. 30세~
- 어떻게 가족을 이루게 되었나?
- 직업적으로 가장 큰 성취는?
- 첫 아이를 낳았을 때 감정은?
- 인생에서 맞닥뜨린 가장 큰 어려움은?
- 재정적 목표는 무엇이나. 달성했나?

ㅁㅎㅇㅆㄴㅈㅅㅈ

마크 트웨인
일부러 홍역 걸리다

미국 문학의 아버지라고 불리기도 하는 이야기꾼 마크 트웨인(Mark Twain 1835~1910)이 쓴 자서전 첫 문장은 뜻밖이었다. 그는 《마크 트웨인 자서전(The Autobiography of Mark Twain)》을 아주 구태의연하게 시작했다. 밋밋하다.

"1835년 11월 30일 미주리주 플로리다에 있는 한 마을에서 태어났다."

첫 문장은 진부하지만, 형식은 달랐다. 그는 "자서전을 삶의 특정한 시점에서 시작하지 않고 자유의지가 이끄는 대로 인생 전체를 방랑"하는 식으로 썼다. 연대기로 구성하지 않았다. 시간 흐름 순으로 쓰지 않았다. 대신 일화들을 중심으로 엮었다. 일화가 생생하게 묘사되고 서술되었다. 이러한 구성도 마크 트웨인이기에 거부감 없이 받아들여진다. 그의 삶 속에 유머와 풍자, 역설이 스며 있기 때문이지 않을까.

《마크 트웨인 자서전》에 담긴 에피소드 중에는 독자들을 기겁하게 하는 내용들도 있다. 그는 말썽꾸러기였다. 열 살 때 일부러 홍역에 걸린 적도 있을 정도였다. 홍역을 앓고 있는 친구 집에 찾아가서 침대 속까지 들어가 스스로 감염됐다. 말벌을 친구 침대 속에 넣기도 했다. 강에 빠져 익사 직전까지 간 게 여러 번이었다. 《톰 소여의 모험(The adventures of Tom Sawyer)》《허클베리 핀의 모험(The Adventures of Huckleberry Finn)》에는 그런 마크 트웨인의 개구쟁이 짓이 담겼다. 그 자신이 어릴 적 에피소드를 작품에 녹여 넣었다고 말했다.

마크 트웨인은 자신의 자서전을 큰 이벤트로 만든 것으로도 유명하다. 그는 30대 후반부터 자서전 성격의 글을 쓰기 시작했고, 42세 되던 1877년 정식으로 자서전 집필에 착수했다. 이후 5,000쪽에 달하는 원고를 완성했다. 직접 타이프치기도 하고 구술하기도 했다. 방대한 양이었다. 마크 트웨인은 원고를 마무리하며 사후 최소 100년간 출간하지 않길 바란다고 육필로 덧붙였다. 이에 따라 자서전 원고를 보관해 온 캘리포니아주립대 버클리 캠퍼스(UCB)는 지난 2010년, 마크 트웨인 타계 100주년이 되어서야 자료를 정리해 그의 자서전 전 3권을 발간했다. 출간 당시 "문학계의 가장 긴 타임캡슐"이라고 불리며 큰 화제를 모았다. 마크 트웨인은 왜 사후 100년이 지난 뒤에 발간할 수 있게 했을까. 그 이유도 밝혀 두었다.

"살아 있는 혀가 아닌 무덤에서 말하는 쪽을 택한 데에는 분명한 이유가 있다. 무덤에서라야 자유롭게 말할 수 있을 테니까."

자서전에 담긴 내용이 당대에 공개되면 파장이 일고 논란이 생길 것을 걱정했기 때문으로 보인다는 게 전문가들의 의견이다. 어쨌든 자서전까지 사후(死後) 이벤트화하다니…, 마크 트웨인은 참으로 재미있고, 자유로운 영혼의 소유자였던 듯하다.

자서전이 발간되자, 대가의 자유로움, 거인의 솔직함, 천재의 상상력이 고스란히 담긴 20세기 최고의 산문이라는 등 호평이 이어졌다. 소설 같은 삶의 모습이 진솔하게 담겼다. 마크 트웨인은 "이 자서전으로 의도하는 바는 내가 죽고 난 후에 출간되었을 때 미래에 출간될 모든 자서전의 모델이 되게 하는 것이다"라고 기염을 토했다.

글은 쓴 사람의 모든 것을 보여준다

첫 문장은 한 편의 글, 한 권의 책의 성격을 함축적으로 보여준다. 그 한 줄을 쓰기가 만만찮다. 글에는 쓴 사람의 생각, 성격, 성품, 스타일 등 모든 게 담기기 때문이다. 글을 보면 쓴 사람이 어떤 사람인지 알 수 있다.

미국 시각장애인 헬렌 켈러(Helen Keller 1880~1968)는 작가이자 교육자였다. 처음으로 학사 학위를 받은 시청각장애인이기도 하다. 《헬렌 켈러 자서전(The Story of My Life)》을 남겼다.

이 자서전 첫 문장은 "내가 살아온 이야기를 시작하려고 하니 두려움 비슷한 감정이 앞선다"이다. 그녀는 이어 "어릴 적 기억들을 정리하자니 과거와 현재를 연결하는 세월 속에서 사실과 상상이 뒤섞여 어디까지가 사실이고 어디까지가 상상인지 구분이 되지 않는다"라고 덧붙였다. 또 "어린 시절에 느꼈던 기쁨이며 슬픔은 세월이 흐르면서 그 날카로움이 무디어졌고…"라고 아쉬워했다. 헬렌 켈러는 첫 문단에서 자서전 쓰는 사람의 심정을 잘 보여주고 있다.

헬렌 켈러는 이 자서전을 래드클리프 칼리지(Radcliffe College) 2학년 때 영문학 교수의 권유로 쓰기 시작했다. 자서전은 어릴 때부터 대학에 이르는 과정에 맞춰 썼다. 그녀의 성장 여정을 시기별로 정리했다. 자연을 벗 삼아 뛰어놀던 천진난만했던 어린 시절, 앤 설리번(Anne Sullivan) 선생님을 처음 만나 세상과 연결되는 한줄기 끈을 붙잡았을 때의 감격과 환희, 점자책으로 독서에 빠지는 과정, 자신의 목소리로 말하게 되었을 때의 기쁨 등을 담았다.

전 미국 퍼스트레이디 미셸 오바마(Michelle Obama 1964~)가 쓴 《비커밍(Becoming)》은 "나는 어린 시절 대부분을 노력의 소리를 들으며 자랐다. 그것은 침실 바닥을 뚫고 올라오는 형편없는, 그렇게까지 형편없지는 않더라도 아무튼 아마추어의 연주 소리였다"로 시작한다. 1층에서 학생들이 서툰 솜씨로 피아노 연습을 하는 소리를 '노력'하는 소리라고 표현했다. 미셸 식구는 아담한 벽돌집 2층에 살았다. 아래층 집주인은 어머니의 고모 부부였다.

《비커밍》의 첫 문장은 미셸의 성장 과정과 가족의 노력, 그리고 자신이 이룬 모든 것의 뿌리를 탐구할 것임을 암시한다. 실제 《비커밍》은 가난한 집안의 흑인 여성으로 태어났지만, 성실함과 승리욕으로 버거운 현실을 헤쳐 나가 마침내 퍼스트레이디에 오른 미셸 오바마의 인생 스토리를 담고 있다. 노력은 《비커밍》 전체를 관통하는 키워드이다.

그 시절로 돌아간 듯 감각적으로 써라

무심하게 흘려보내곤 하지만, 어린 시절의 여러 가지 경험과 기억들은 훗날 알게 모르게 우리의 삶에 영향을 미친다.

유년 시절은 한 사람의 인생에서 뿌리와 같은 역할을 한다. 어린 시절의 경험은 개인의 정체성과 세계관에 큰 영향을 미치며, 이러한 기억들은 종종 삶의 나침반 역할을 한다. 신뢰감, 자율성, 주도성 등 인격 형성의 기초가 된다. 초기 경험은 성인이 되어 이루는 관계와 목표 설정에까지 영향을 미칠 수 있다.

유년 시절은 개인의 정체성과 삶의 방향을 결정짓는 중요한 시기이다. 우리가 가진 어린 시절의 기억들은 우리의 현재와 미래를 비추는 거울이자, 삶을 풍요롭게 만드는 귀중한 자산임을 잊지 말아야 한다.

일반인들도 유년 시절을 돌아보는 과정을 통해 자기 이해와 성찰의 기회를 얻을 수 있다. 이는 단순히 과거를 회상하는 행위를 넘어, 미래를 계획하고 삶의 방향성을 설정하는 데 유용한 도구로 작용할 수 있다. 자서전은 과거를 발판으로 미래로 나아가게 해준다.

유년 시절 이야기를 풍부하게 다루려면 마치 그 시절로 돌아간 것처럼 느낄 수 있게 하는 감각적 언어를 사용하는 게 좋다.

단순한 기억이라도 자신에게 어떤 영향을 미쳤는지, 의미를 찾는 게 중요하다.

기억에 남는 한 가지 사건을 중심으로 이야기를 전개하는 것도 좋은 방법이다.

유년 시절을 쓰는 것은 단순한 과거 회상이 아니다. 자신이 누구인지, 무엇을 중요하게 생각하는지, 앞으로 삶에서 무엇을 추구해야 할지를 이해하는 과정이다. 자신을 새롭게 통찰할 기회다.

가슴에 품고, 머리에 담고 있는 유년 시절 이야기를 풀어놓으면, 나를 좀 더 잘 알게 되고 내일을 설계할 수 있다.

첫 문장에 너무 얽매일 필요는 없다. 명문을 쓰겠다는 생각은 버려야 한다. 평범하게 출발해도 괜찮다. 대문호 마크 트웨인의 첫 문장도 톡 쏘는 맛이 없지 않은가.

자서전 어떻게 쓰나?

자서전은 역사적 사실을 연대순으로 기술하는 편년체(編年體), 역사적 인물의 전기를 이어가는 기전체(編年體) 틀을 본떠 쓸 수 있다.

시간 흐름 순으로, 또는 인물이나 에피소드 중심으로 쓰면 된다.

사건이나 공간, 학창 시절 등 특정 주제나 시기를 중심으로 이야기를 풀어도 된다.

마음이쓰지스

샤갈은 엄마가,
안데르센은 아빠가 키웠다

'색채의 마술사'로 불리는 마르크 샤갈(Marc Chagall, 1887~1985)은 자서전 《샤갈, 내 젊음의 자서전(My Life)》을 냈다. 그는 이 책을 1921~22년 모스크바에서 썼다. 〈아마존닷컴(Amazon.com)〉은 이 자서전이 오랫동안 절판됐지만, 모든 자서전 중에서도 가장 독창적이고 아름답게 쓴 것으로 평가받는다고 소개하고 있다. 샤갈이 직접 그린 삽화 20장이 함께 실려 있다.

여느 자서전과 마찬가지로 샤갈도 자신의 어린 시절을 묘사하고 있다. 그는 지금 벨라루스의 비텝스크(Vitebsk)에서 유대인 가정의 아홉 남매 중 맏이로 태어났다. 아버지는 늘 일을 하고 기도를 했다. 말이

그리운 그때 · 55

없었다.

샤갈은 삶의 의미를 찾을 수 있는 일을 찾으려고 했다. 집안은 가난해 예술이나 예술가라는 말을 꺼내기 어려운 상황이었다. 그래도 그는 나름의 언어로 무엇인가를 표현하는 음악가, 시인, 화가를 꿈꿨다. 아버지는 무뚝뚝했지만, 어머니는 달랐다.

"… 말을 더듬거렸던 어린 시절 나의 어머니는 무릎 위에 나를 눕히고 재미있는 동화책을 읽어주거나 옛날이야기를 해주었다. 그때 들었던 많은 이야기가 나의 예술적 감각의 원천이 됐다. …."

샤갈 자서전에 나오는 어머니에 관한 기억이다. 그의 유화 〈나와 마을(I and Village)〉에는 어머니와 행복하게 살았던 고향마을에 대한 소중한 추억이 절절히 묘사돼 있다.

《한스 크리스티안 안데르센 자서전(The Fairy Tale of My Life: An Autobiography)》에는 조금 놀라운 내용이 담겼다. 동화 같기도 하다. 〈미운 오리 새끼〉〈인어공주〉를 쓴 덴마크 작가 한스 크리스티안 안데르센(Hans Christian Andersen 1805~1875)이 관으로 만든 침대에서 태어났다고 자서전 도입부에 소개돼 있다. 그 침대는 한 백작이 정장을 차려입고 누웠던 관이었다. 침대는 구두 수선공이었던 한스

크리스티안 안데르센의 아버지가 관을 자르고 못질해 직접 만들었다. 아버지는 자신의 작업대도 그 관으로 마련했다.

아버지는 삶이 고단했지만, 아들을 위해서라면 무엇이든 기꺼이 했다. 만화경과 인형을 만들어 놀아주기도 했다. 신분은 미천했지만, 글을 읽고 쓸 줄 알아 《아라비안나이트(The Book of the Thousand Nights and a Night)》도 읽어주었다. 아들을 기쁘게 해주며 고달픔을 잊었다.

안데르센은 다른 아이들과 거의 어울려 놀지 않았다. 학교에 다닐 때도, 아이들이 하는 놀이에는 흥미가 없었다. 그는 그냥 집에 틀어박혀 지냈다. 혼자여도 집에는 놀거리가 많았다. 모두 아버지가 만들어준 것들이었다. 인형 옷을 만들어 인형극 놀이하는 걸 가장 좋아했다.

안데르센과 샤갈, 글과 그림으로 영역은 다르지만, 두 사람은 아버지와 어머니의 영향을 받았다. 안데르센은 어린 시절 아버지가 만들어준 인형을 혼자 가지고 놀면서 키운 상상력을 발휘해 동화를 썼다. 그게 모두 세계적으로 손꼽히는 명작으로 평가받고 있다. 샤갈은 유년 시절 어머니와 따뜻한 관계를 맺으면서 화가로서 꿈을 키울 수 있었다.

자서전에 담긴 유년 시절의 에피소드는 훗날 어떤 모습으로 살아갈지 보여준다. 부모와 나눈 이야기, 선물 하나하나가 미래 삶에 영향을 미친다.

아인슈타인과 파인만이 받은 선물

역사상 가장 위대한 물리학자 중 한 사람으로 꼽히는 알베르트 아인슈타인(Albert Einstein 1879~1955)도 아버지 헤르만 아인슈타인(Hermann Einstein)과의 관계 속에서 성장했다. 그가 평생 과학적 탐구를 한 출발점은 다섯 살 무렵 아버지한테 선물 받은 나침반이었다. 알베르트 아인슈타인은 당시 병을 앓고 있었는데 아버지가 작은 포켓 나침반을 건네주었다. 이 나침반은 세상의 보이지 않는 힘을 처음으로 인식하게 해주었다.

알베르트 아인슈타인은 《자서전적 기록(Autobiographical Notes)》에 "나는 나침반을 손에 들고 그것을 돌려보았지만, 바늘은 언제나 같은 방향을 가리키고 있었다. 나는 그것이 마치 보이지 않는 손에 의해 조종되고 있는 것처럼 보였고, 무언가 신비로운 힘이 작용하고 있음을 깨달았다"라고 썼다.

그는 보이지 않는 힘이 존재한다는 사실에 매료됐다. 또 보이지 않는 힘의 작용은 원인을 깊이 탐구해야 하는 현상으로 받아들였다. 그때부터 "왜 그런 일이 일어날까"라는 질문을 던지기 시작했다. 이는 평생 물리적 세계에 대한 근본적 질문을 던지는 습관으로 이어졌고, '보이지 않는 힘(전기, 자기, 중력 등)'에 대한 관심을 키우게 됐다. 이는 그의 물리학적 연구 방향을 결정짓는 중요한 요소가 됐고 상대성이론 탄생의 밑바탕이 됐다.

아버지 헤르만 아인슈타인은 전기 및 기계 장비를 제작하는 사업을 하며, 아인슈타인에게 전기와 기계가 어떻게 작동하는지 직접 보여주었다. 아버지는 아들이 이론물리학을 연구하는 것을 원치 않았다. 아들이 안정적인 직업을 찾기 바랐다. 그럼에도 아버지는 아들의 길을 받아들였다.

노벨상을 받은 미국 물리학자 리처드 파인만(Richard Feynman)은 자서전 《파인만 씨, 농담도 잘하시네(Surely You're Joking, Mr. Feynman!)》, 《남이야 뭐라 하건!(What Do You Care What Other People Think?)》에서 아버지 멜빌 파인만(Melville Feynman)과의 관계를 유쾌하게 털어놓았다. 《남이야 뭐라 하건!》의 본문 첫 꼭지 제목은 〈나는 모든 것을 아버지로부터 배웠다〉이다. 아버지와 얼마나 돈독한 관계인지 보여주는 제목이다.

아버지 멜빌은 호기심이 많고 지적 대화를 즐기는 사람이었다. 그는 리처드에게 단순한 정보가 아니라 사물의 원리를 이해하는 법을 가르치려고 노력했다. 자서전에 따르면 멜빌은 모든 것을 논리적으로 생각하고 나름대로 재구성해서 설명해 주었다. 상황을 재현해 보는 것이 중요하다는 사실을 가르쳐 주었다. 리처드는 아버지가 과학의 심오한 원리와 과학이 왜 가치 있는지를 어떻게 터득하셨는지 궁금해했지만, 어른들은 으레 다 아는 줄 알고 물어보지 못했다.

아버지 멜빌 파인만은 아들에게 실생활 속에서 과학적 개념을 가르쳤다. 그는 과학이 세상을 이해하는 도구라고 생각했다. 또 궁금한 게 생기면 아들이 스스로 답을 찾도록 유도했다. 그는 장난감이나 가정용품을 직접 분해하고 조립하면서 물리적 원리를 깨칠 수 있도록 도왔다. 라디오를 분해하고 재조립하며 전자회로의 작동 원리를 터득할 수 있도록 했다.

이런 경험 덕분에 그는 복잡한 문제를 분석하고 해결하는 능력을 키울 수 있었다. 또 실험 놀이를 하면서 물리학의 기본 원리를 체험하기도 했다. 아버지는 지식을 재미있고 흥미롭게 전달하려 노력했다. 과학적 탐구 정신과 독립적인 사고방식을 심어준 멘토였던 셈이다.

이러한 환경에서 성장한 리처드 파인만은 훗날 세계적 물리학자가 되었고, 평생 과학을 배우는 기쁨을 사람들에게 전파하는 데 헌신했다.

| 유년 시절 나에게 가장 영향을 준 사람은? |

모든 사람이 샤갈, 안데르센, 아인슈타인, 파인만처럼 부모와의 관

계가 긍정적이고 우호적이지만은 않다. 갈등을 빚는 경우도 흔하다.

마흔에 자신의 유년 시절을 돌이켜 보는 것도 좋은 경험이다. 유년 시절은 아름다운 추억만 가득한가. 아픈 기억은 없나. 곰곰이 되새기면 지금의 자신을 좀 더 잘 이해할 수 있다. 어린 시절의 무엇이 현재의 자신을 만들었는지 찬찬히 추적해 보는 건 재미있다. 어린 시절 누구에게 가장 큰 영향을 받았는지도 살펴보라. 아버지? 어머니? 아니면 누구? 어린 시절 아이들 머리와 가슴은 백지라고 하지 않는가. 어떤 일을 듣고 보고 경험했는지, 누구와 함께했는지, 누구에게 어떤 조언을 받았는지 탐색해 보면 현재의 자신과 연결 지점을 찾을 수 있다.

부모나 특정한 누구와의 기억은 단순한 감정 표현보다는 구체적인 사건을 중심으로 쓰는 게 좀 더 쉽다. 긍정적이든 부정적이든 있는 그대로 감정을 표현해야 한다. 그래야 자서전 쓰기로 기대할 수 있는 효과를 거둘 수 있다. 유년 시절 부모의 결정이 내 인생에 어떤 영향을 미쳤는지 살피면 부모와 나를 더 깊이 이해할 수 있다. 혹시 부모와 주고받았던 편지 등 기록이 있다면 이야기를 풀어가는 데 도움이 된다.

부모와의 관계가 긍정적이고 우호적이었다면 편하게 쓸 수 있겠지만, 원만하지 못했을 경우 어떻게 쓸지 고민이 깊어질 수밖에 없다. 갈등을 표현하는 방법은 해석에 있다. 부모와 빚은 갈등을 성장의 계기로 이해하고 독립적 사고의 기반이 됐다고 풀이할 수 있다. 개인적 어려움을 사회적 관점에서 해석하고 쓸 수도 있다. 부모와 겪은 마찰을 자신의 강한 정신력과 독립성을 키우게 한 요소로 승화시켜 이야기할 수도 있다.

어느 경우든 현재의 자신은 과거 특정 경험으로부터 영향을 받았을 수 있다. 그런 점을 알고 유년 시절을 되돌아보면 자신을 더 잘 이해할 수 있다.

연보란?

연보(年譜)는 인생의 주요 사건과 경험을 연도별로 정리한 간략한 이력서와 같다. 시기별로 사건을 정리해서 인생 전체를 한눈에 살피고 확인할 수 있게 해준다.

연보는 처음부터 완벽할 필요 없다. 자서전을 쓰면서 꾸준히 보완하고 다듬어 나가면 된다. 연보를 작성하면 자서전을 쓸 때 다음과 같은 도움을 받을 수 있다.

첫째, 기억을 정리하고 핵심 사건을 뚜렷하게 떠올릴 수 있게 해준다.
둘째, 자서전의 목차를 쉽게 구성하도록 도와준다.
셋째, 과거와 현재, 미래를 연결하는 의미 있는 스토리를 발견할 수 있게 해준다.

ㅁㅎㅇ쓰ㄴㅈㅅㅈ

루소 《고백록》은
'변명록'이었다

전문가들은 자서전을 솔직하게 쓰라고 충고한다. 그런 면에서 많이 거론되는 인물은 프랑스 계몽주의 철학자 장 자크 루소(Jean-Jacques Rousseau 1712~1778)다. 그는 가장 솔직하고 대담하게 자서전을 썼다고 평가받는 인물 중 한 명이다. 그에 걸맞게 자서전 제목도 《고백록(Confessions)》이다. 루소는 읽는 사람들이 충격받을 정도로 자신의 속마음과 사건들을 숨기지 않고 자서전에 털어놓았다.

그는 《고백록》에 자신의 감정, 결점, 실수, 사회적 규범을 거스르는 성격적 특성까지 모두 쏟아냈다. 어린 시절의 수치스러운 경험, 성적 욕망, 사회적 지위에 대한 불안감 등을 망설임 없이 고백했다. 《고백록》은 파격적인 자기 폭로였으며, 사회 규범에 대한 도전으로 받아들여질 정도였다.

루소는 파리의 하숙집에서 세탁부로 일하는 한 순박한 처녀 마리 테레즈 르 바쉬에르(Marie Thérèse Levasseur)와 23년간의 동거생활 끝에 결혼했다. 둘은 아이 다섯을 낳았다. 그런데 루소는 자식들을 모두 보육원에 보내버렸다. 그는 아버지가 될 준비가 되어 있지 않았고 아이들에게 더 나은 미래를 주기 위한 좋은 결정이었다고 변명했다. 나중에 후회했다고 인정하기는 했지만…. 자식들이 너무 소란스러운 데다, 양육비가 많이 들었기 때문이라는 설도 있다. 루소의 고백 중 가장 충격적 내용이다.

그는 소년 시절 도둑질을 하고 여자 하인에게 누명을 씌웠다고 털어놓기도 했다. 착한 여자 하인은 변명조차 못 하고 억울하게 해고당했다. 루소는 잠 못 이루며 자신의 비열한 행동에 괴로워하다 어느 날 밤 그 하인이 자신을 비난하는 환영(幻影)을 보기도 했다. 그 모습이 너무도 생생해 방금 나쁜 짓을 한 것 같은 착각이 들 정도였다고 썼다.

루소는 16세 때 후원자였던 바랑 남작 부인(Madame de Warens)과 성적 관계를 맺었음을 고백하기도 했다. 바랑 부인은 당시 29살에 별거 중이었다. 그는 또 개신교에서 가톨릭으로 개종하고 직업을 자주 바꾸는 등 불안정한 삶을 살았다. 가난하고 배고픈 날이었지만, 영혼은 자유로웠다. 그런 불안정한 삶이 자신을 철학자로 만들었다고 썼다.

 루소의 고백은 궁지에 몰려서 터져 나왔다. 곤궁해진 자신에게 던진 질문이 '나는 누구인가'였고, 그 답으로 쓴 게 《고백록》이었다.
 루소는 당시 최고 베스트셀러 작가였다. 그런데 1762년 6월 《에밀(Emile ou de l'education)》이 교회를 모독했다는 이유로 압수당하고, 유죄 판결을 받았다. 그는 도망갔다.
 그 와중에 친구들은 루소가 아이들 다섯을 보육원에 버렸으며 갈보를 데리고 다니고 매독에 걸려 몸이 썩어가고 있다고 비난했다. 피신처까지 그 소문이 나면서 마을에서 추방 명령을 받았다. 신변 위협을 받는 데다가 추방까지 당하고 경제적으로 어려웠다. 쏟아지는 비난을 루소는 정당하지 않다고 여겼다. 정신적으로 꽉 막힌 상황이었다.
 그 상황에서 루소는 하고 싶은 말을 쏟아냈다. 자신에게 하고 싶은 이야기들이었다. 어떤 죄를 털어놓고 남의 판단을 구하는 내용이 아니었다. 그런 일이 있었지만, 이런 이유, 까닭, 배경이 있었다는 사실을 알리는 글이었다. 대상은 자신이었다. 그래서 《고백록》을 변명록이라고 비하하기도 한다.
 루소는 《고백록》에 여러 '죄악'을 털어놓았지만, 주로 사회와 타인의 잘못 탓이라고 설명했다. 자신을 피해자로 묘사하면서 불우했던 환경과 주변인들 때문에 어쩔 수 없었다고 발뺌했다. 자신을 합리화하려고 과장된 솔직함을 보였다는 분석도 있고, 자아도취적이고 변명투성이 글이라는 평가도 있다.

가장 큰 비판은 다섯 아이를 보육원에 보낸 데 집중됐다. 루소는 《에밀(Émile)》에서 좋은 부모가 되려면 아이를 직접 키워야 한다고 주장했으나 정작 자신의 아이들은 모두 버린 셈이었기 때문이다. 철학적으로 거창하게 인류를 사랑했지만 실제로는 자기 아이조차 돌보지 않았다는 말을 들었다.

루소는 당대 많은 지식인과 교류했지만, 대부분 사람과 갈등을 빚었다. 그는 자신을 오해받는 천재로 그리며 세상에 대한 불신을 드러냈다. 이 태도가 많은 사람에게 오만하고 자기중심적으로 비쳤다. 피해의식이 심각하고 자신을 신격화하고 반면 모든 불행은 남 탓으로 여기는 성격적 결함이 있다는 지적을 받기도 했다.

| '문제 자서전' 끊이지 않아 |

솔직한 자서전을 쓰기 전에 몇 가지 생각해야 할 점이 있다. 먼저 지나치게 적나라한 고백은 사회적 비판을 받을 수도 있다는 사실을 기억해야 한다. 개인적 실수를 인정하면 때로는 명성이 손상될 수도 있다.

루소만큼 공격받지는 않았지만, 자서전 때문에 명성이 훼손된 셀럽도 제법 있다. 형식과 내용에 문제가 있어서였다.

영국 축구 스타 데이비드 베컴(David Beckham 1975~)은 2003년 《데이비드 베컴-마이 사이드(David Beckham : My Side)》라는 자서전을 펴냈다. 베컴은 이 책으로 인세 300만 유로를 받았고, 〈영국도서상〉을 수상했다. 베컴은 자서전이 100만 부 이상 팔리자 "내가 처음 책을 쓰려고 마음먹었을 때는 이렇게 많이 팔릴 것이라고 전혀 생각하지 않았다"라고 말했다. 팬들은 훗날 이 말에 뻔뻔하다고 반응했다. 직접 쓰지 않았다는 사실이 드러났기 때문이다. 소위 자서전 대필 전문 유령작가(Ghost writer) 톰 와트(Tom Watt)에게 맡겨 낸 책이었다. 와트는 "그 책의 저자는 내가 아니라 베컴"이라며 "나는 베컴이 쓰고자 했던 내용을 대신 적었을 뿐"이라고 베컴을 옹호했다. 대필작가가 있었음을 미리 밝혔더라면 아무런 논란이 일지 않았을 텐데…, 베컴은 마치 자신이 직접 쓴 것처럼 행동하다 물의를 빚었다.

미국에서는 '거짓말 자서전'으로 한차례 파동이 일었다. '토크쇼의 여왕' 오프라 윈프리(Oprah Gail Winfrey 1954~)는 2005년 10월 자신의 도서 추천 TV쇼에서 제임스 프레이(James Frey)의 약물중독 극복 수기인 《100만 개의 작은 조각들(A Million Little Pieces)》을 추천했다. 마약과 알코올 중독, 수감생활 등 저자의 아픈 상처가 담긴 자서전이었다. 오프라 윈프리의 쇼에 소개되면서 책은 200만 부 이상 팔렸고, 〈뉴욕타임스〉 베스트셀러 1위에 올랐다. 영화 판권도 팔리고 후속작이 준비되고 있었다.

그 무렵 탐사전문 뉴스 사이트인 〈스모킹 건〉이 "자서전에 나온 중요한 사실들이 거짓"이라고 보도했다. 〈스모킹 건〉은 이메일 제보를 받고 두 달 동안 수사 기록을 뒤지고 관련 인물의 진술을 듣고 그 같은 결론을 내렸다. 《100만 개의 작은 조각들》에는 1986년에 자동차 사고를 내 고교 동창 두 명을 죽게 했다고 되어 있었는데, 그는 사고 현장에 없었던 것으로 밝혀졌다. 1980년대 초반 여자 친구의 죽음 후 부랑자 생활을 했다고 썼으나, 사실 그는 지극히 정상적인 생활을 했다. 〈스모킹 건〉의 폭로에 프레이는 반발하며 "자서전에는 으레 과장되는 측면이 좀 있는 법"이라고 주장했다.

얼마나 솔직하게 써야 할까?

'자서전을 얼마나 솔직하게 써야 할까?'와 관련해서는 크게 다음 세 가지 관점이 있다. △자서전은 철저히 솔직하게 써야 한다. △자기 이미지 관리를 할 수 있다. △적절한 균형을 유지해야 한다.

여러 가지를 고려할 때 자서전에는 과장하거나 거짓을 쓰지 않고 명확하지 않은 부분은 추측하지 않고 의문으로 남기는 게 좋다. 개인적 이야기를 솔직하게 쓰되, 불필요한 폭로는 독자를 불편하게 할 수도 있음을 알아야 한다. 또 자신의 성취를 자랑이 아니라 강조할 수는 있지만, 거기에 실패와 단점도 곁들이면 신뢰감을 준다는 사실을 기억해야 한다.

자서전의 솔직함은 사실성, 독자와의 신뢰, 개인의 사생활 보호라는 세 가지 요소 사이에서 균형을 맞추는 것이 중요하다.

장 폴 사르트르(Jean-Paul Sartre 1905~1980)는 자서전에서 진실과 거짓을 명확히 구분하기 어렵다며 이는 기억의 문제이지 성실성의 문제가 아니라고 지적했다. 그는 자신의 자서전 《말(Les Mots)》에서 그렇게 말했다. 사르트르는 자서전에는 진실과 거짓이 복잡하게 얽혀 있으며, 이는 기억의 불완전성과 주관성에서 비롯된다고 덧붙였다.

서울대 유호식 교수도 자서전은 진실과 거짓, 현실이 복잡한 관계를 맺고 있으며, 그 내용에는 진정성의 외피 아래 거짓말과 망각, 오류가 숨어 있기 마련이라고 자신의 저서 《자서전: 자신의 삶으로 이야기를 만들다》에서 말했다.

연보 작성 6단계

1단계 : 연대기적 틀 잡기

태어난 해부터 현재 나이까지 연도별로 리스트 만들기. 처음에는 중요 연도만 적고, 점차 기억나는 사건을 추가한다.

2단계 : 인생의 핵심 사건 적기

연도별로 인생에 큰 영향을 끼친 사건이나 경험을 쓴다. 가족의 이사, 학교 입학-졸업, 첫 직장 입사와 이직, 연애, 결혼, 출산, 성공이나 실패 경험, 질병, 사고, 혹은 가족의 죽음과 같은 중대 사건을 쓴다.

3단계 : 역사-사회적 사건과 개인의 사건 연결하기

개인의 삶과 사회적 사건을 함께 기록하면 삶이 더 입체적으로 보인다. 개인의 역사가 사회적 흐름 속에서 어떤 의미를 갖는지 명확히 드러낼 수 있다.

4단계 : 감정과 생각 덧붙이기

주요 사건마다 당시의 감정과 생각을 덧붙이면 연보가 더욱 생생해진다. 다음과 같이 정리할 수 있다. '2008년 : 첫 회사 입사(설렘), 퇴사(절망, 막막함), 이후의 재취업 준비(불안과 초조함)' 이러한 감정 묘사는 자서전을 쓸 때 중요한 힌트가 된다.

5단계 : 주변 사람을 함께 기록하기
인생의 중요한 사건들에 함께했던 사람의 이름 기록하기. 가족, 친구, 동료, 선생님 등 인생에서 중요한 역할을 했던 사람을 메모하고, 개별적 인연과 기억을 써둔다.

6단계 : '미래 연보' 작성하기
연보는 미래를 설계할 때도 유용하다. 미래에 자신이 이루고 싶은 일을 미리 적으면 꿈과 목표를 구체화할 수 있다. '미래 연보'는 목표 성취에 큰 동기를 준다.

ㅁㅎㅇㅆㄴㅈㅅㅈ

《난중일기》는
자서전이다

사람들이 알게 모르게 솔직하게 쓰는 글은 일기다. 속마음이 들킬까 봐 감춰놓고 일기를 썼던 경험이 있지 않은가. 일기는 가장 짧은 자서전으로 불린다. 일기뿐 아니라 메모도 중요한 기록물이다. 자서전을 쓸 때 모두 유용하다.

한국에서는 충무공(忠武公) 이순신(李舜臣 1545~1598) 장군의 《난중일기(亂中日記)》가 가장 잘 알려진 일기다. 1962년 국보 76호로 지정됐을 만큼 소중히 여긴다. 2013년에는 유네스코(UNESCO) 세계기록유산으로 지정됐다.

《난중일기》는 이순신 장군이 진중(陣中)에서 쓴 일기다. 임진왜란이 일어나기 3개월 전인 음력 1592년(선조 25년) 정월(1월) 1일부터 전사하기 이틀 전인 1598년(선조 31년) 11월 17일까지 2,539일간 쓴 기록이다. 총 7권 8책으로 구성되어 있다.

《난중일기》는 원래 제목이 아니다. 조선 정조 19년(1795년) 왕명으로 간행된 《이충무공전서(李忠武公全書)》에서 처음 붙여졌다. 원래는 1592년부터 해당 연도 간지(干支)를 붙여 《임진(壬辰)일기》《계사(癸巳)일기》《갑오(甲午)일기》《병신(丙申)일기》《정유(丁酉)일기》《속정유(續丁酉)일기》《무술(戊戌)일기》로 불렸다.

주요 내용은 진중 생활, 수군 통제 계획, 전황 보고 등이다. 또 어머니에 대한 그리움, 어머니와 아들을 잃은 아픔, 고락을 함께한 군사들에 대한 애정, 전쟁으로 고통받는 백성들의 삶도 진솔하게 표현돼 있다. '장군 이순신'과 '인간 이순신'을 모두 담은 게 《난중일기》다. 업무 내용을 쓴 전쟁일지, 사적 감정을 담은 개인 일기가 섞여 있다. 다음 일기를 보면 그 성격이 분명히 드러난다.

"1592년 5월 29일 맑다. … 화살을 빗발치듯 퍼붓고 각종 총통을 마치 바람과 우레같이 어지러이 쏘아대니 적들이 두려워 물러났다. 화살에 맞은 자가 몇백인지 알 수 없고 … 군관 나대용이 총에 맞았으며, 나도 왼쪽 어깨 위에 탄환을 맞았다. 탄환이 등을 뚫고 나갔으나 중상은 아니었다."

"1597년 4월 13일 맑다. … 조금 있자니 배에서 달려온 종 순화가 어머님이 돌아가셨다는 소식을 전했다. 방을 뛰쳐나가 슬퍼 뛰며 뒹굴었더니 하늘에 솟아 있는 해조차 캄캄하였다. … 슬픔으로 가슴이 찢어지는 듯하여 모두 다 적을 수가 없다. 뒷날 대강 적으리라."

일기가 자서전으로서 가치를 지니려면 읽는 사람이 공감할 수 있는 보편적 메시지가 담겨 있어야 한다. 또 자서전으로 평가받으려면 시대상과 맥락을 반영하고 독자와 공감대를 형성할 수 있는 내용이어야 한다. 또 삶을 돌아보고 정리하는 성찰적인 요소가 담겨 있어야 한다.

그런 측면에서 두 가지 성격의 글이 섞인 《난중일기》는 자서전으로서 손색이 없다는 평이다. 이순신 장군 개인적 경험에 당대의 사회적, 정치적, 문화적 배경이 반영되어 있고, 시대를 이해할 수 있는 여러 정황을 생생하게 묘사했다. 이순신 장군은 단순한 사실, 사건만 늘어놓지 않고, 깊은 통찰과 감정을 표현했다. 개인의 삶과 내면세계를 엿볼 수 있다. 자서전의 기본 요건을 충실히 갖춘 셈이다.

| '메모광' 브랜슨 회장, 아흔에 세 번째 자서전 낼 것 |

일기와 메모 등 기록이 있으면 자서전 쓰기가 한결 쉬워지고 내용은 충실해진다. 유명인 중에 책을 많이 내는 사람들은 일기, 메모 등 기록을 중시한다.

대표적 인물로 영국 버진그룹(Virgin Group) 리처드 브랜슨(Richard Branson 1950~) 회장이 꼽힌다. 그는 번지점프를 하고, 우주여행을 가고, 기구를 타고 대서양을 횡단하는 등 험한 도전을 멈추지 않는 괴짜 경영인이다. 난독증으로 열다섯에 중학교를 그만두어야 했지만, 메모광으로 변신하며 그 덕에 버진그룹을 키워온 인물이기도 하다. 그는 항공, 미디어, 관광사업 등 다양한 사업을 성공적으로 이끌고 있다.

브랜슨 회장은 항상 메모지를 지니고 다니며 자잘한 아이디어를 기록하기로 유명하다. 사업 아이디어가 떠오를 때마다 메모하고 정리하는 습관이 그를 혁신적 기업가로 성장시켰다. 그는 항상 뒷주머니에 넣고 다니는 작은 메모장을 가장 중히 여긴다. 언제 어디서든 쓸 수 있게 지니고 다닌다. 여행 다닐 때 반드시 갖고 다닌다. 언젠가 메모하려는데 수첩이 없자 여권에 쓰기도 하고 팔뚝에도 썼다는 일화가 있다.

"더러운 카펫, 보풀. … 지저분함. 스테인리스 스틸, 꾀죄죄함. 메뉴, 실망스러움, … 일등석 메인 코스인 가재가 왕새우로 바뀜. 치킨커리 맛없음 …."

자잘하고 소소한 이 지적 사항들은 브랜슨 회장이 한 계열 항공사 비행기를 타고 가면서 관찰한 것을 적은 메모다. 브랜슨은 이를 자신이 쓴 《리처드 브랜슨 비즈니스 발가벗기기(Business Stripped Bare)》라는 책에 공개했다.

그는 일기와 메모를 적극적으로 활용해 책을 펴내고 있다. 국내에 소개된 것만 6권이나 된다. 그중에는 자신이 걸어온 길을 담은 자서전이 2권 있다. 원제는 《Losing My Virginity》(1998) 《Finding My Virginity The New Autobiography》(2017). 이중 후자는 《버진다움을 찾아서》로 번역 출판됐다. 이 책은 《Losing My Virginity》의 후속편으로, 그가 50세 이후 경험한 일을 중심으로 다루고 있다. 브랜슨 회장은 "계속 지금처럼 행운이 따른다면, 그리고 오래 산다면, 자서전 3부작 가운데 마지막 편을 90대 무렵에 쓰고 싶다"라는 뜻을 밝히기도 했다.

그는 책 쓰기에 두려움이 없는 듯하다. 하기야 일기와 메모 등 엄청난 양의 기록이 쌓여 있으니 거리낄 게 뭐가 있겠는가.

| 일기에 의미 부여하고 재구성하면 자서전이 된다 |

일기와 자서전은 서로 밀접한 관계가 있다. 일기는 자서전의 원천 자료가 될 수 있으며, 자서전을 쓸 때 중요한 정보와 감정을 확인할 수 있게 해준다. 일기를 활용한 자서전은 진정성과 생동감이 있다. 일기를 기반으로 자서전을 쓸 때는 일기를 어떻게 재구성하고 의미를 부여하느냐가 중요하다. 일기를 단순히 묶기만 해서는 자서전이 되지 않는다. 삶을 회고하고 정리해 의미를 부여하는 과정을 거쳐야 자서전으로서 가치를 지닌다.

자서전을 쓸 때 일기를 활용하면 특정 시점의 사실을 정확히 복원할 수 있다. 일기에서 정확한 날짜와 사건의 상황 등을 확인할 수 있다. 당시 감정과 분위기를 일기에서 가져와 생생히 전달할 수 있다. 또 꾸준히 오랫동안 쓴 일기를 분석하면, 특정 영역으로 수렴되는 패턴과 주제를 찾을 수 있다. 이를 발전시키면 자서전의 핵심 메시지가 된다.

그 핵심 메시지와 주제, 패턴 등을 기반으로 일기를 재구성하면 훌륭한 자서전을 쓸 수 있다. 이때 단순히 연대기적 사건 나열식 구성은 피하는 게 좋다. 기승전결이 있는 이야기 구조를 구축해야 한다.

많은 책을 낸 김형석 교수는 마흔이 되면서 일기를 쓰기 시작했다. 김 교수는 《김형석의 인생문답》에서 그렇게 밝히며, 그날 일기를 쓰기 전에 작년 일기와 재작년 일기를 읽어본다고 했다. 그는 그 책에 지난 일기를 읽으며 '아, 내가 그때 그런 실수를 했지. 다신 실수하지 말아야

지', '아, 내가 그때 이런 좋은 생각을 했구나. 이 생각을 더 발전시켜야 겠다'라고 생각한다고 썼다. 일기를 쓰면서 인간으로서 성숙해가려고 애쓴다는 것이다.

일기는 자기 성찰이 가장 잘 드러난 글이다. 그래서 일기를 성찰적 에세이라고 부르기도 한다. 자서전 재료로서 일기만 한 게 없다는 말이다. 세월의 더께가 더해진 일기가 있다면 누구나 자신 있게 자서전 쓰기에 도전할 수 있다.

연보 활용법

연보(年譜 chronology, 또는 연대기)는 자서전 쓰기의
토대이자 지도와 같은 역할을 한다. 연보를 먼저 정리해두면 자서전
집필이 훨씬 체계적이고 수월해지며, 빠뜨릴 수 있는 중요한 사건들도
놓치지 않을 수 있다. 연보로 할 수 있는 일은 다음과 같다.

1. 삶의 흐름을 한눈에 파악해 이야기 구조를 설계할 수 있게 해준다.

   연보는 인생의 큰 흐름을 조망하게 해준다. 이를 통해 자서전을 어떤

   시기 중심으로 쓸지, 연대순으로 풀지, 테마 별로 나눌지 전략을 정할

수 있다.

2. 중요한 사건을 빠뜨리지 않게 체크리스트로 사용할 수 있다.

   연보에 적어둔 사건들은 나중에 자서전에서 중요한 에피소드나

   전환점으로 빠짐없이 활용할 수 있다.

3. 특정 시기의 감정, 경험, 의미를 다시 떠올리는 트리거 역할을 할 수

   있다.

   단순한 날짜와 사건이 감정을 불러일으키는 열쇠가 된다.

4. 테마별 글쓰기의 소재 뱅크로 활용할 수 있다.

   가족, 직업, 관계, 실패, 성장 등 주제별 글을 쓸 때 연보에서 관련

   사건들을 추출할 수 있다.

5. 중복 경험을 분류하고 압축하여 효과적인 구성 할 수 있다.

   유사한 시기나 사건을 통합하거나 나누어 배열할 수 있어 이야기의

   효율이 좋아진다.

6. 시대적 배경과 개인사를 연결해 글에 깊이를 더할 수 있다.

   사회적 사건(예: IMF, 코로나19, 대통령 선거 등)과 나의 경험을

   연결하면, 자서전이 더 풍성하고 입체적이 됩니다.

7. 자신의 가치관과 인생철학이 형성된 지점을 파악할 수 있다.

   연보를 따라가다 보면 '나를 바꾼 사건'들이 보인다. 자서전의 핵심

   메시지나 교훈을 정리하는 데 도움이 된다.

그리운 그때 · 79

II
푸르던 날

안네가 피임기구에 관심을 가졌던 까닭·················· 83
나이키 출발점은 '미친 생각'이었다 ···················· 92
정주영의 가출이 말하는 것 ··························· 100
이병철 달빛 밟고 와 창업 결심 ······················· 108
색스의 첫 환자는 '호프'였다······················· 115
프랭클린플래너에 담긴 추억들 ····················· 123
이현세는 왜 만화를 그리게 됐을까····················· 133
실패에서 탄생한 《해리포터》 ······················ 139
'성취형 인간' 슈워제네거 ·························· 146
허핑턴이 제시한 '제3의 성공' ······················ 154

ㅁㅎㅇㅆㄴㅈㅅㅈ

안네가 피임기구에
관심을 가졌던 까닭

《안네의 일기(Anne Frank Tagebuch)》는 안네 프랑크(Anne Frank 1929~1945)가 2차세계대전 당시 은신처에서 썼다. 안네는 독일 프랑크푸르트암마인(Frankfurt am Main)에서 태어났다. 유대인 박해가 심해지자 1933년 가족이 네덜란드로 이주했다. 2차세계대전이 발발해 전쟁이 격화하고, 네덜란드에서도 유대인 탄압이 시작되자 숨어 지내야 했다. 안네는 은신처에서 1942년 6월 12일부터 1944년 8월 1일까지 일기를 썼다. 일기에 키티라는 애칭을 붙이고, 일상을 기록하고 생각을 나눴다. 안네는 누군가의 밀고로 1944년 8월 4일 밤 붙잡혀 아우슈비츠 강제수용소(Auschwitz concentration camp)로 끌려간 뒤 이듬해 2

푸르던 날 · 83

월 아니면 3월 티푸스(typhus)로 숨졌다.

가족 중 유일하게 살아남은 아버지 오토 프랑크(Otto Frank)가 안네의 일기를 정리해 1947년 6월 25일 네덜란드에서 책으로 냈다. 제목은 《헷 아흐테르하위스(Het Achterhuis)》, '비밀 별관', '은신처'라는 뜻이다. 이 책을 낼 때 아버지는 안네가 쓴 일기 중 많은 부분을 들어냈다. 이 때문에 초판본은 안네의 감정이나 생각보다는 인종차별과 전쟁에 대한 고발적 내용 위주로 편집됐다. 유대인은 노란 별표를 달아야 하며 전차를 타서도 안 되고 자가용을 쓸 수 없으며…, 이런 금지령이 산더미처럼 많아 모든 게 금지된 상황이라는 식의 표현들이 많았다.

원래 일기에는 사춘기를 지나며 안네가 느낀 모순적인 감정들, 어른들을 향한 반항심과 솔직한 성적 욕망을 드러내는 표현들도 있었다. 여성의 몸과 신체 구조, 변화에 호기심을 보이기도 했다. 엄마를 싫어하는 감정을 드러내기도 했는데, 심지어 언니와 엄마가 모두 죽어버렸으면 좋겠다는 격한 표현도 담겼다. 사춘기 소녀라면 누구나 겪는 성장통일 수도 있었지만, 아버지는 보호본능으로 그 부분들을 지운 채 책으로 냈다.

1944년 3월 23일 목요일 일기는 사춘기 소녀, 당시 15살이었던 안네의 성적 호기심을 보여준다.

"… 어제 페터와 … 섹스에 관한 얘기를 하게 되었습니다. … 그는 '그러면 내가 피임기구의 구조에 대해 얘기해 줄까?'라고 하면서 내가 좋다고 하자 가장 먼저 피임기구 구조에 대해 들려주었습니다. … 그는 콘돔에 대해서도 여러 가지를 이야기해 주었습니다. ….."

그 나이쯤이면 누구나 그 정도 궁금증과 호기심은 가지지 않는가. 안네는 그에 그치지 않았다. 삶을 치열하게 고민하고 평범한 가정주부로서 삶보다는 즐겁고 잘할 수 있는 일을 찾기를 바랐다. 잊힌 존재로 한평생을 보내는 건 상상할 수 없는 일이라고 여겼다. 남편과 아이들 말고자신을 바칠 수 있는, 후회하지 않을 무언가를 찾으려 애썼다. 취미생활인 글을 쓰면서 자아를 단단하게 형성해 갔다. 자연스럽게 삶의 목표도 찾았다. 저널리스트, 작가가 되려고 꿈꿨다. 갇힌 은신처 생활이기는 했지만, 그 목표를 새기며 공부를 게을리하지 않았다. 책을 읽으며생각을 키웠고 많은 것을 배웠다. 전쟁 와중에 경험한 변화와 혼란을그만의 방식으로 이해하고 수용하며 성장했다.

다시 펴낸 《안네의 일기》에는 숨어지내야 했던 특수한 환경 속 사춘기 소녀의 다양한 감정, 고민이 담겨 있다. 솔직하고 재치 있는 표현이읽는 재미를 더한다. 이 책은 75개 이상의 언어로 번역됐으며, 전쟁의폭력성, 아동 인권 침해에 맞선 가치를 인정받아 2009년 유네스코 세계기록유산으로 선정됐다.

달리가 고백한 '그 짓'

스페인의 초현실주의 화가 살바도르 달리의 자서전《나는 세계의 배꼽이다》는 기괴한 그의 그림만큼이나 내용이 파격적인 것으로 유명하다. 그중 청소년 시기 묘사도 노골적이어서 "역시 달리!"라는 말이 저절로 나온다.

"… 거웃이 처음 나타나는 때가 청소년기이다. … 자족감에 빠져 내 몸을 쳐다보고 있는데, 길고 가느다란 털 몇 오라기가 띄엄띄엄 치골에서 배꼽까지 들쭉날쭉 나 있는 것이 보였다. 따끔한 걸 참아가며 한 올을 뽑아서 감탄스러운 시선으로 그 길이를 살펴보았다. … 햇빛에 비춰보니 무지갯빛 영롱한 금갈색으로 보였다. …."

워낙 광기 서린 화가여서 그에게 걸맞은 청소년기 에피소드라고 생각하면 충격은 덜하다. 달리는 그에 멈추지 않고 민망했는지 '그 짓'이라고 표현하며 자위행위까지 상세히 묘사해놓았다. '그 짓'에 이은 실망과 죄책감을 느꼈지만, 유혹을 견디는 날은 드물었다고 고백했다. 정도의 차이는 있을 터이지만, 누구나 했을 청소년기 최대고민을 숨김없이 드러냈다.

아무리 자유분방한 작가라고 하더라도 자서전에 이런 이야기를? 이 정도면 선을 넘은 것 아닐까. 그보다 더 나간 자서전도 있다. 서양 문화권에서는 첫 경험을 공개적으로 밝힌 자서전들도 흔하다.

영국 출신 신경과학자 올리버 색스(Oliver Wolf Sacks 1933~2015)는 동성애자임을 밝힌 것은 물론이고, 형과 형수가 그에게 이성을 경험하게 해주려고 파리에 데려간 이야기, 스스로 동성을 경험하려고 네덜란드를 찾아간 이야기를 자서전에 쓰기도 했다.

한국 자서전에서는 보기 힘들지만, 성에 대한 사회문화적 인식과 개방 정도, 지역과 시대의 가치에 따라 표현의 강도는 다른 듯하다.

영국 출신 배우 코미디언 영화감독이었던 찰리 채플린(Charles Chaplin 1889~1977)은 《채플린 자서전(MY AUTOBIOGRAPHY)》에 고단했던 10대 시절 모습을 그려놓았다. 그는 16~17살 무렵 온갖 극단을 쫓아다니며 생계를 해결했다. 일거리가 없으면 형에게 기대 살았다. 그 고달픔에도 무대를 포기하지 않았다. 아직 어려서 그에 맞는 버역을 얻을 때도 있었기에 성장이 반갑지만은 않았다. 그래서 어른이 되어가는 게 달갑지 않았다. 무대 숭배자로서 일상이 힘들 때는 인생을 저주하기도 하고, 일이 풀리면 앞날의 성공을 꿈꾸는 공상가가 되기도 하고, 쪼들리면 세상을 괴롭고 귀찮은 것으로 여겨 비관하는 염세가가 되기도 했다. 그 시절 삶은 고달팠지만, 여느

10대 사춘기 아이와 마찬가지로 이성에 관한 관심은 놓치지 않았다.

"··· 페베는 열여섯 살이었는데 예뻤다. 그녀의 얼굴은 길고 독수리같이 생겼으며 그의 육체와 정신은 나에게 강하게 어필했다. 그녀도 차차 나를 좋아하게 되어 우리는 아주 좋은 친구가 되었다. ···."

당연히 이성에 관한 관심만으로 사춘기, 청소년 시기를 설명할 수는 없다. 그래도 마음에 품었던 누군가를 떠올리면 입가에 살짝 미소가 떠오르지 않는가. 거기가 10대 시절의 나를 되짚어볼 수 있는 지점의 하나이다.

| GOD, 핑클, 드래곤볼과 나의 10대 |

청소년기에는 누구나 이성에 대해서, 또 성적 호기심을 갖지만, 분명 '나는 누구인가?'를 가장 많이, 또 깊이 고민했을 것이다. 당시 고민, 애태웠던 일을 상기해보면 지금의 나를 더 잘 이해할 수 있다. 내면의 갈등을 찬찬히 되짚어보면, 정체성 형성 과정을 살피면 나의 가치, 생각 등이 어떻게 형성됐는지 알 수 있다. 청소년기의 꿈과 열망이 무엇이었는지 기억을 되살려 현재 나의 삶과 비교해 보는 것도 흥미롭다.

88 · 마흔에 쓰는 자서전

10대 시절을 자서전에 어떻게 써야 할까. 그 시절을 회고하는 일은 오늘의 자신이 어떻게 형성되었는지를 밝혀내는 과정이다. 10대 시절의 혼란과 열정, 불안과 설렘을 지금의 시선으로 해석해내야 한다.

아마도 10대 시절에 IMF 외환위기를 겪고, 2002년 월드컵이라는 역사적 축제도 경험했을 것이다. 그 시절 즈음 인터넷이 보급되기 시작했고, 휴대폰은 점점 대중화됐다.

"내가 중고등학생일 때 세상은 어떤 모습이었는가?"

"뉴스에서 자주 들리던 단어는 무엇이었나? 그것이 나에게 어떤 영향을 주었는가?"

이와 같은 질문을 던져가면서 쓰면 좀 쉽게 10대 시절을 자서전에 담을 수 있다.

주제별로 에피소드를 살려서 쓰면 더 다양한 자기 모습을 그릴 수 있다. 웃게 했던 친구, 울게 했던 친구, 지금은 연락이 끊긴 친구 이야기, 첫사랑이나 짝사랑의 기억 등의 일화를 중심으로 나를 표현할 수 있다. 부모 형제와 빚었던 갈등, 미래를 설계하며 꿈에 부풀었던 기억도 오늘의 나를 설명하는 중요한 요소들이다.

당시 10대들의 상징을 중심으로 내 모습을 떠올릴 수도 있다. mp3 플레이어, 〈싸이월드〉, 교복 리폼, 노래방, 학교 급식실, 〈GOD〉, 〈핑클〉, 〈클론〉, 《드래곤볼》, 인터넷 채팅…, 그런 시대의 아이콘과 연관된

푸르던 날 · 89

기억을 되새기는 것도 그 시절을 제대로 들여다보는 방법의 하나다.

당시 감정들을 정직하게 바라보고 기록하면 자신을 좀 더 잘 이해할 수 있다. 부끄러움, 억울함, 분노, 사랑, 환희, 외로움 같은 감정을 10대 시절 어떻게 표현했고, 반응했는지 알아보면 삶의 한 부분을 해석할 수 있다. 그런 기억과 추억, 그게 좋았든 나빴든, 그것은 현재 자신을 구성하는데 알게 모르게 작용했을 것이다.

연보 예시(1985년생 기준)

연도	나이	개인적 사건 및 경험	사회적-역사적 사건
1985	0	서울에서 둘째로 태어남	전두환 정권 시기, 민주화 운동 활발
1988	3	가족과 처음으로 잠실 올림픽공원 방문	서울올림픽 개최
1991	6	초등학교 입학	소련 붕괴 및 탈냉전 시대 시작
1994	9	성수대교 붕괴 뉴스를 접하고 두려움 느낌	성수대교 붕괴
1997	12	아버지 회사의 구조조정으로 경제적 어려움 겪음	IMF 외환위기
2000	15	피시방을 처음 가봤음. 인터넷 사용 시작	인터넷 본격 보급 시작
2002	17	월드컵 거리 응원 참여, 공동체적 즐거움 경험	한일 월드컵, 붉은 악마 응원 열풍
2004	19	수능시훈 후 희망 대학에 합격	노무현 대통령 탄핵 기각. 정치 혼란
2005	20	싸이월드 미니홈피 개설, 사진-일기 공유문화 경험	디지털카메라 대중화 및 SNS 열풍
2008	23	첫 직장 입사했으나 금융위기로 곧 퇴사	글로벌 금융위기, 한국 취업난 심화
2010	25	스마트폰 첫 사용. 모바일 라이프스타일의 변화 체감	아이폰 한국 출시
2013	28	결혼, 내 집 마련을 위한 저축 시작	박근혜 정부 출범, 저성장 경제 지속

ㅁ ㅎ ㅇ ㅆ ㄴ ㅈ ㅅ ㅈ

나이키 출발점은
'미친 생각'이었다

 필 나이트(Phil Knight 1938~)는 '미친 생각'으로 글로벌 스포츠 기업 〈나이키(Nike)〉를 1964년 창업했다. '미친 생각'은 그의 자서전 《슈독(Shoe Dog)》에 나오는 표현이다.

"… 나는 육상 선수로서 러닝화에 관심이 많았다. 그리고 경영학을 전공하는 대학원생으로서, 일본 카메라가 독일이 지배하던 시장을 뒤흔든 사실을 알고 있었다. 이를 근거로 나는 보고서를 통해 일본의 러닝화가 시장을 장악할 것이라고 주장했다. … 교수님은 나의 '미친 생각'의 가치를 인정했는지, A학점을 주셨다. …."

92 · 마흔에 쓰는 자서전

〈나이키〉는 거기서 시작됐다. 수업 시간에 보고서를 발표했을 때 다들 하나같이 따분하다는 반응이었고, 그 누구도 질문하지 않았다. 그렇지만 필 나이트는 스탠퍼드(Stanford University) 경영대학원 시절이었던 그날부터 일본 신발 회사를 찾아가서 '미친 생각'을 전하는 순간만을 생각했다. 마침내 1962년 일본 운동화 회사 〈아식스〉의 전신 〈오니츠카 타이거〉를 설득해 미국 서부지역 독점판매권을 얻었다.

그는 1963년 아버지에게 빌린 50달러로 집 지하실에 〈나이키〉의 전신 〈블루 리본 스포츠(BRS)〉를 설립했다. 품질 좋고 싼 일본 런닝화를 수입해 판매하는 회사였다. 자신의 차에 신발을 가득 싣고 다니며 팔았다. 첫해 매출은 8,000달러에 불과했다. 이후 비약적으로 발전해 지난 2022년 회계연도에 500억 달러를 돌파했고, 2023년 512억 1,700만 달러 2024년 513억 6,200만 달러를 기록했다. 성장세가 주춤거리는 모양새여서 경영진을 교체하는 등 분위기 쇄신을 꾀하며 재도약을 시도하고 있다.

필 나이트는 1964년부터 2004년까지 나이키 최고경영자를 지냈으며, 2016년 7월 이사회 의장에서 물러났다. 그는 〈포브스(Forbes)〉가 선정한 세계 50대 부자에 꼽힌 대표적 자수성가 기업인이었다.

그의 성공은 학창 시절의 좌절이 스타트라인이었다. 《슈독》에 따르면 그는 고교 시절 야구팀에 지원했다가 떨어졌다. 낙담해서 방구석에 처박혀 거의 2주 동안 우울하게 지냈다. 어느 날 어머니가 "달리기를 해 보는 것은 어떠니? 너는 빨리 달릴 수 있잖아?"라고 위로했다. 그 말에 몸을 일으켜 세우면서 "정말? 내가?"라고 되물었고, 그는 그때부터 달리기 시작했다. 그렇게 육상과 인연을 맺게 됐고, 오리건주립대학교(Oregon State University) 육상팀 선수로 활약했다. 그때의 경험이 〈나이키〉를 건설하는 데 큰 힘이 됐다.

| 스티븐 킹과 처칠의 학창 시절 |

'공포의 제왕'으로 불리는 미국 소설가 스티븐 킹(Stephen King 1947~)은 2001년 자서전 겸 작법서인 《유혹하는 글쓰기(On Writing)》를 펴냈다. 글쓰기와 자신의 인생을 씨줄과 날줄로 엮은 것이다. 유머와 해학이 넘치는 문체로 썼다. 그는 학교와 공부에 체질적 알레르기는 없었다. 이런저런 문제로 교장실에 불려가는 등 어려움이 없지는 않았지만….

모든 건 '글' 때문이었다. 킹은 고교 시절 학교 신문 편집장이었다. 본인의 뜻과는 관계없이 임명됐다. 의욕이 별로 없었다. 1963~64년에 딱 한 번 발행됐다. 전화번호부만큼 두꺼운 분량이었다. '수업 안내' '응원단 소식' '학교찬가' 등은 진부하기만 했다. 재미없는 본업은 팽개

치고 〈빌리지 보밋(The Village Vomit)〉이라는 4쪽짜리 풍자신문을 만들었다. 주간지 〈빌리지 보이스(The Village Voice)〉를 본뜬 제호였다. 〈빌리지 보밋〉은 '마을 구토'라는 뜻이었다. 정상 매체라면 오른쪽 위에 '어떤 소식도 놓치지 않습니다'라는 식의 표어가 있어야 했다. 그 자리에 킹은 '어떤 개소리도 삼가지 않습니다'라고 써넣었다. 나름 유머를 구사했으나, 그 신문은 킹에게 학교생활 최대 위기를 초래하고 말았다.

〈빌리지 보밋〉에는 교사들을 모두 별명으로 표기했다. '쥐똥', '카우보이', '늙은 호랑이'…. 킹은 재치를 최대한 발휘해 '카우보이'가 가축 방귀대회서 우승했다느니 하는 기사도 곁들였다. 수업 시간에 뒷자리에서 그걸 돌려보던 친구들이 웃음 참기에 실패해 폭소를 터뜨리는 바람에 사건이 시작됐다. 〈빌리지 보밋〉은 압수당했고, '쥐똥'은 킹을 교장실로 호출했다. '카우보이', '늙은 호랑이'는 풍자 기사를 너그럽게 받아들였으나 깐깐한 '쥐똥'은 용납하지 않았다. 2주간 하교를 늦추는 처벌을 받아야 했다.

이 '필화' 사건 후 킹은 풍자문학 쪽에는 얼씬도 하지 않았다고 자서전에 쓰고 있다. 그는 앞서 형과 함께 신문을 만들기도 하고, 기괴한 이야기를 써서 친구들에게 팔기도 했다. 어릴 때부터 글을 썼고 평생 글과 함께한 이야기꾼 삶을 살았다. 1974년 소설 《캐리(Carry)》를 시작으로 모두 84권을 펴냈으며 3억 5,000만 권이 팔렸다. 〈미저리

〈Misery〉〉 등 영화와 드라마 110편의 원작자이기도 하다.

가장 위대한 영국인이란 수식어가 붙는 윈스턴 처칠은 학교와 친하지 못했다. 그는 자서전 《윈스턴 처칠, 나의 청춘》에서 "학창 시절은 내 삶에서 기쁨이 하나도 없는 가장 불행하고 우울한 시기였다"라며 "내 일생에서 가장 탁한 회색빛 상처로 남아 있다"라고 말했다.

교육은 그의 삶, 즉 놀이를 '위협'하는 그 어떤 것이었다. 그는 '저능아' '낙제생' '문제아'로 취급받았으며, 그에게 학교는 "무시무시한 존재"였다. 열등반에서 허우적거렸고 꼴찌는 그의 몫이었다. 그는 또래보다 학습 능력은 떨어졌지만, 조숙했다. 어려운 책을 읽으면서도 반에서는 항상 꼴찌를 도맡아 했다. 선생님들은 온갖 방법으로 그를 공부시키려고 했지만, 관심사나 흥미가 없으면 배우려 하지 않았다. 한때 프랑스어, 승마, 시, 수영, 문학, 역사에 흥미를 느끼기는 했으나, 라틴어, 그리스어와 수학은 진절머리를 쳤다. 그 때문에 3수 끝에 샌드허스트 육군사관학교(Sandhurst Royal Military Academy)에 들어갈수 있었다. 그나마 예상 문제가 다행히 예상대로 나와서 합격할 수 있었다. 처칠은 당시를 이렇게 묘사했다.

"… 마지막 세 번째 시험에서 출제 빈도가 높았던 코사인과 탄젠트에 관한 제곱근 문제는 … 다행히도 나는 며칠 전 … 마주친 경험이 있었기에 한눈에 알아볼 수 있었다. ….”

처칠은 1895년 육군 장교로 임관한 뒤 쿠바, 인도, 수단, 남아프리카 등지를 떠돌며 전투 경험을 쌓았다. 종군기자로서도 활발히 활동하기도 했다. 정치인으로서는 1911년 해군대신으로 내각에 참여해 해군 근대화를 추진했다. 1939년 2차세계대전이 일어나자, 해군대신으로서 전시 내각에 합류한 뒤 1940년 총리를 맡아 강력한 리더십으로 영국과 연합국이 승전하는데 한몫했다. 1953년에는 정치인으로서는 예외적으로 노벨문학상을 받기도 했다. 자서전이 역사와 전기 부문 저술로서 공로를 인정받았다.

그래서일까. 처칠은 흔히 학교 성적과 인생 성공의 연관성을 말할 때 자주 등장한다. 공부 ‘꼴찌’가 인생 ‘꼴찌’는 아님을 말하고 싶을 때면 으레 거론된다.

| 학창 시절은 성장과 변화를 중심으로 써야 |

윈스턴 처칠, 스티븐 킹, 필 나이트의 자서전에 나오는 학창 시절 에피소드다. 그들은 모두 조-절을 경험했지만, 그것을 극복하고 성장했다는 이야기가 자서전의 큰 흐름이다. 마흔에 쓰는 자서전의 학창 시절 부

분도 그렇게 쓰면 된다. '성장과 변화'를 중심으로 살피는 게 좋다. 마음과 몸이 어떻게 변화하고 컸는지를 중심으로 삼아야 한다. 또 학창 시절의 다양한 경험을 통해 어떤 교훈을 얻었는지도 기록해 놓을 필요가 있다.

물론 기쁨과 좌절, 성공과 실패, 반항심과 두려움 등 그 시절의 감정도 숨김없이 드러내는 게 중요하다. 친구와 웃고 눈물지으며 쌓은 우정, 선생님과의 갈등 등 다양한 에피소드를 학창 시절의 유머와 장난기를 곁들여 써놓으면 추억을 영구 보관할 수 있다. 당시 교육제도, 사회 분위기 등을 배경으로 보여주면 역사성이 곁들여진 학창 시절을 기록할 수 있다.

학창 시절 기억을 되살려 쓰는 것도 좋지만, '기록'을 활용하면 더 정확하게 자신을 알 수 있다. '기록'은 생활기록부를 말한다. 2003년 이후 졸업생이면 〈정부24〉에서 온라인으로 초중고 생활기록부를 발급받을 수 있다.

생활기록부를 통해 잊었던 초중고 시절의 자신을 만날 수 있다. 누구에겐 흐뭇할 수도 있고, 누군가는 찜찜할 수도 있는 생활기록부다. 거기에 선생님의 평가가 담겼다. 가끔 오해한 부분이 있지만, 대개는 정확하다. 어느 경우든 성장의 발판으로 삼으면 그만이다.

다음은 언론과 TV 연예 프로그램, 소셜미디어에 공개된 생활기록부 내용들이다. 거기에 우리의 오늘 모습이 그대로 담겼다.

'길을 건널 때 신호등을 보고 횡단보도로 건너고 있음.'

'공을 강하게 굴릴 수 있음.'

'도형과 확률과 통계 영역의 학습 활동이 좋음.'

'컴퓨터 타자를 칠 수 있음.'

'실내에서 사뿐사뿐 조용히 걸음.'

'말을 또박또박함.'

'발표할 때 목소리가 우렁참.'

'구김살 없는 밝은 성격.'

'교우 관계가 매우 원만함.'

'목표 의식이 뚜렷하며 발표력이 왕성함.'

'봉사 정신이 강하며, 학습 태도가 바람직하여 성적이 우수함.'

'솔직하고 적극적인 성격으로 학교 행사에서 주도적인 역할을 함'.

'……'

ㅁㅎㅇㅆㄴㅈㅅㅈ

정주영의 가출이
말하는 것

필 나이트는 '미친 생각'으로 창업했다. 그 생각이 맞음을 증명해 보이고 싶었다. 그 의지가 글로벌기업 〈나이키〉를 키웠다. 초기에는 운동화를 차에 싣고 다니며 팔았다. '보따리 장사'의 간절함을 체험했다. 그건 모든 창업자가 경험한다. 절박함의 정도 차이는 있지만….

현대그룹 창업자 정주영(1915~2001) 회장의 자서전《이 땅에 태어나서 : 나의 살아온 이야기》에 나오는 고향 이야기, 어린 시절 이야기는 요즘 사람들에게는 낯설지만, 그 시절에는 대부분 한국인이 그렇게 살았다. 어린 정주영은 흉년이면 긴 겨울 동안 아침에만 조밥을 먹고 점심

100 · 마흔에 쓰는 자서전

은 굶고 저녁은 콩죽으로 넘겼다. 봄에는 양식이 떨어져 풀뿌리, 나무 껍질로 목숨을 부지했다. 많은 사람이 굶주림을 견디다 못해 만주로, 북간도로 떠났다.

정주영은 소학교 시절부터 아버지를 도왔다. 아버지는 정주영이 졸업하자 본격적으로 농부로 키우려 했다. 정주영은 상급학교에 진학해 선생님이 되려는 꿈을 간직하고 있었지만, 집안 형편상 포기해야 했다. 농사일은 고됐다. 또 아무리 해도 밥 한번 배불리 먹을 수 없었다. 정주영은 '이렇게 고생만 하다가 인생이 끝나는 건가'라는 생각에 답답했다. 농사일은 고된 데 비해 소득이 너무 적었다. 무슨 일을 해도 농사보다 소득이 더 나을 것 같았다. 도시로 나가고 싶었다.

그는 매일 밤 2㎞를 걸어가 구장(區長) 댁에서 신문을 빌려 읽었다. 청진항만공사, 제철 공장 건설 공사장에 인부가 필요하다는 기사를 봤다. 친구 한 명과 같이 고향을 떠났다. 열일곱 살 때였고, 첫 가출이었다. 원산 못미처 고원이라는 지역의 철도공사판에서 인부로 일했다. 두 달여 뒤 아버지가 찾아왔다. 아버지는 평소 말이 없는 분이었는데, 길게 말씀하셨다.

"… 너는 우리 집안의 장손이다. … 장손이 기둥인데 기둥이 빠져나가면 집안은 쓰러지는 법이다. … 너는 고향을 지키면서 네 아우들을 책임져야 한다. …."

푸르던 날 · 101

아버지의 설득에 귀향했지만, 정주영은 잇달아 가출했다. 세 번째는 소 판 돈 70원을 훔쳐 서울 덕수궁 옆에 있던 경성실천부기학원에 다니다 아버지께 덜미를 잡혔다.

"… 제 자식 잘되기를 바라지 않는 부모가 어디에 있겠냐? … 너는 보통학교밖에 못 나온 촌놈이라는 걸 알아야지. … 부기학원 나와봤자 일본놈들 고쓰가이(사환)밖에 더 하냐. 그 알량한 거 하자고 우리 식구 다 떼거지 만들 테냐. …."

아버지 손에 이끌려 다시 고향에 돌아갔지만, 정주영은 꿈을 버리지 않았다. 신문에서 읽은 춘원 이광수의 연재소설 〈흙〉의 주인공 허숭 변호사가 머리에서 떠나지 않았다. 네 번째 집을 나와서는 인천 부둣가, 서울의 여러 공사 현장을 거쳐 〈복흥상회〉에 쌀 배달꾼으로 취직했다. 쌀 반 가마니를 월급으로 받았다. 그제야 아버지는 "네가 출세를 하기는 했나 보다, 한 달에 쌀 반 가마니를 받다니…"라며 아들의 가출을 '추인'했다.

| 포드, 토요타 자동차 창업자도 가출 청소년이었다

글로벌기업의 창업자 중에는 정주영처럼 10대 청소년기에 가출한 이들이 여럿이다. 여러 나라 기업인을 다룬 베스트셀러를 펴낸 홍하상 작가는 《정주영처럼 생각하고 정주영처럼 행동하라》에 가출한 창업가로 미국 포드자동차를 창업한 헨리 포드(Henry Ford 1863~1947), 일본 토요타자동차 창업자 도요타 사키치(豊田佐吉 1867~1930)를 소개했다.

헨리 포드도 초등학교만 다녔다. 그의 아버지도 아들이 농사꾼이 되기를 원했다. 그는 농사만 짓고 살기는 싫었다. 어느 날 가출해 기계공장의 수습공이 되었다. 아버지는 아들을 찾아가 귀향을 간청했지만, 고집을 꺾지 못했다. 그는 나중에 디트로이트 조선회사에 취직했으며, 훗날 포드자동차(Ford Motor Company)를 만들었다.

도요타 사카치는 초등학교 졸업하자 아버지가 목수 일을 가르쳤다. 착실히 일을 배우다가 도요타 사카치는 열아홉 살에 무작정 도쿄를 향해 걸었다. 바깥세상이 궁금해서였다. 그는 면직기를 발명해 큰돈을 벌었고 세계에서 가장 많이 파는 토요타자동차(Toyota Motor Corporation)를 세웠다.

가출을 흔히 곱게 보지 않는다. 일종의 탈선으로 간주한다. 반항으로 해석하기도 한다. 가출을 그렇게 단순하게 설명할 수는 없다. 가출

푸르던 날 · 103

에는 복합적인 심리적, 환경적 요인이 작용한다.

가출을 고통의 결과로 바라보기도 한다. 상처의 고통으로부터 도망칠 수밖에 없어 가출하기도 한다. 그런 면에서 가출은 탈출이고 자기방어 수단이라고 할 수 있다.

정주영은 아버지의 농사 강권에서 벗어나고 싶었다. 당시 농사로선 미래를 꿈꿀 수 없었기에 그 굴레에서 벗어나려 했다. 그는 꿈, 미래를 품고 현실의 집에서 탈출했던 것이다. 그의 목표는 가출 자체, 현실 도피가 아니라, 새로운 삶이었다. 미래였다.

많은 젊은이가 정주영 같은 뜻을 품지 않았을까. 누군가는 뭔가를 이루고, 그것도 크게, 누군가는 그렇지 못한 건 왜일까. 가출 이후 삶을 어떻게 설계하고, 어떤 지지망을 갖추었는가에 따라 달라진다는 게 전문가들의 진단이다.

정주영을 예로 들면 일한 지 3년만인 1938년, 〈복흥상회〉를 물려받아 〈경일상회〉를 차렸다. 주인의 신뢰 덕에 23살에 자신의 첫 사업을 시작할 수 있었다. 타고난 부지런함과 성실성을 인정받아 주인의 든든한 지지를 받은 결과였다.

혈혈단신 상경한 정주영의 마음가짐은 달랐다. 뭔가를 이뤄야 했다. 생존해야 했다. 정주영의 의식 저변에는 절박함, 간절함이 있었다. 그게 당시 정주영 삶의 원동력이었다.

흔히 말하는 "죽기 아니면 살기", "이것 말고는 길이 없다"라는 절박한 심정은 한 인간을 완전히 바꿔놓는다. 성공한 사람들의 자서전을 분석해 보면 한가지 공통된 감정이 있는데, 그것은 더는 물러설 곳이 없는 순간에 발휘되는 초인적 집중력과 실행력이다. 절박한 사람은 두 번째 옵션을 두지 않는다. 그들의 결심은 밀도가 보통 사람들의 그것과는 다르다.

절박함은 결단을 흐리는 선택지를 제거하고, 오직 한 방향으로 에너지를 몰아간다. 그 집중력은 문제를 뚫고 나가는 돌파력이 된다. 사람이 절박한 상황에 놓이면 뇌에 비상경보가 울린다. 인간은 위기 상황일수록 창의성이 증가하는 경향을 보이는데, 그런 상황에서 뇌는 생존하려고 기존의 틀을 깨고 새로운 해결책을 찾기 시작한다.

나는 얼마나 간절했던가

간절하면 실패할 수 없다. 실패를 인정할 수 없어 다시 일어설 수밖에 없는 내면의 동력이 생긴다. 간절한 사람은 무엇인가 이룰 때까지 전진하며, 그래서 이루어낸다. 간절함은 이루지 못하면 존재할 수 없는 처지서 갖는 마음가짐이다. 간절한 사람은 성공이 아니라 생존이 목표다. 그런 간절함은 결국 사람을 움직이고, 환경을 흔들고, 운명을 바꾼다.

사실 정주영의 가출만이 절박함이나 간절함을 상징하지는 않는다. 주변의 숱한 젊은이, 중년도 하루하루를 절박하고 간절하게 보내고 있다. 스타트업 신화, 중년의 늦깎이 성공은 다 간절함, 절박함에서 시작됐다.

간절함과 절박함은 개인이 아니라 사회적, 국가적 감정일 수도 있다. 한국의 평범한 마흔도 여러 위기를 지켜보면서 살아왔다. 어린 시절 겪었던 IMF 외환위기가 대표적이다. 실직해 망연자실하던 부모, 가계 경제의 어려움 등을 목격하며 경제적 불안감을 체감하지 않았던가. 상급학교 진학할 때 얼마나 합격을 빌었던가. 취직용 '스펙'을 쌓으려 얼마나 뛰어다녔던가. 마흔을 맞은 지금도 여전히 무엇인가 간절하고, 하루하루 절박하지 않은가.

간절함은 단순한 바람이 아니다. 절박함은 그냥 힘든 마음이 아니다. 인간은 존재를 위협받으면 본래 가진 능력의 한계를 넘어서기 시작한다. 혹시 그런 간절함 절박함을 경험한 적이 있다면 자서전에 자세히 기록해 두고 힘들 때 읽으며 생존 욕구를 북돋우기에 좋다.

자서전 쓰기는 단지 과거를 기록하는 일이 아니다. 한 인간이 간절하게 살아낸 이야기를 특정한 흐름으로 남기는 일이다. 자신이 경험한 절박함은 한 세대의 감정을 대변할 수도 있다. 간절함이 어떻게 자신을 여기까지 이끌었는지, 절박함이 어떻게 앞길을 열었는지 써보라. 그것은 자기 서사의 탄생이고, 오늘을 가능하게 한 동력의 기록이다.

간절함이나 절박함을 담는 데에는 그 순간을 중심으로 구성하는 회고적 에세이 형식이 좋다. 진정성을 담기에 적합하다.

그 순간 떠오른 생각, 하고 싶었던 말 등, 즉 내면의 독백은 간절하고 절박한 순간을 표현하는 데 효과적이다.

구성은 현재의 간절함으로 시작할 수도 있고, 과거의 결정적 장면부터 풀어갈 수도 있다. 그 순간을 극적으로 기록하면 생동감이 넘친다.

표현은 감정을 묘사하고 드러내는 게 좋다. 간절하고 절박했던 순간을 그리듯이 보여주라는 이야기다.

무엇보다 '나는 언제 무엇 때문에 얼마나 간절했던가'를 있는 그대로 담아내는 게 중요하다.

□ ㅎ ㅇ ㅆ ㄴ ㅈ ㅅ ㅈ

이병철 달빛 밟고 와
창업 결심

스물여섯 살 이병철은 잠을 이루지 못했다. 세 아이는 달빛을 안고 평화롭게 자고 있었다. 그 아이들의 모습을 바라보는 순간, 문득 악몽에서 깨어난 듯한 심정이 되었다. '너무 허송세월했다. 뜻을 세워야 한다'라는 생각에 그날 밤 한잠도 이룰 수 없었다. 온갖 상념이 머릿속을 스쳤다. 세 가지로 정리됐다. 독립운동을 할지, 관리(官吏)로 나갈지, 사업을 할지.

"… 독립을 위해서 투쟁에 투신하는 것 못지않게 국민을 빈곤에서 구하는 일 또한 시급하다. 식민지의 관리 생활이란 떳떳하지 못하다. 사업의 길을 찾는 것이 성격에 가장 알맞다. 사업에 투신하자. 나의 인생을 사업에 걸어 보자. …."

이병철은 앞서 일본 유학을 떠나 1930년 4월 와세다(早稻田)대학 전
문부 정경과에 입학했다. 그런데 2학기 말에 심한 각기병에 걸렸다. 온
천장을 돌며 치료에 집중했으나 차도는 없었다. 2학년 가을 와세다대
학을 중퇴하고 귀국했다. 공기좋은 고향에서 요양한 덕에 얼마 후 건강
을 회복했다.

'무언가 하지 않으면 안 된다'라는 생각에 상경했다. 취직은 고려해 본
적이 없었다. 격조했던 옛 친구들을 두루 만나며 2년 가까이 선친의 송
금으로 놀고 지냈다. 경남 의령으로 귀향해서도 친구들과 어울리기만
했다. 그러다 달빛 밟으며 돌아와 누웠다 불현듯 '허송세월'하고 있음
을 깨달았다. 그날 밤으로 방황을 끝내고 사업에 뜻을 두었다.

삼성그룹을 일으킨 이병철(1910~1987) 회장이 사업을 하게 된 동기
다. 자서전 《호암자전(湖巖自傳)》에 그렇게 설명했다.

이 회장은 일본서 귀국한 뒤 2~3년 동안 방황한 세월을 낭비는 아니
었다고 생각한다. 그동안 무엇인가 생각이 여물고, 결국은 사업을 일으
켜야 한다는 뜻을 갖게 했으며, 입지를 위한 모색의 세월이었다고 할 수
있다고 여겼다. 왜 사업이었을까.

"… 그냥 그러한 생각에 사로잡혔다. … 사업에 투신하자는 결단은 오랫동안 생각한 결과는 아니었지만, 그렇다고 해서 순간적인 작심이라고 할 수는 없다. 그러나 그 결심은 나의 인생에서 결과적으로 큰 전환점이 되어버렸다. 삼성그룹의 출발점이 되었다는 의미에서 그러하다. …."

당시 사회적 제약 등 여러 가지 여건을 생각한 끝에 '사업을 하고 싶다' '사업에 도전해 보고 싶다'라고 생각했다는 게 이 회장의 기억이다.

마음을 정하고 창업하려고 사전 조사에 들어갔다. 서울은 업종 선택 폭이 넓어 좋았으나 자금이 부족할 듯했다. 대구 부산 평양은 이미 큰 상권을 일본인들이 차지하고 있어 역시 자금력이 달릴 듯이 보였다. 연구 끝에 동업자 둘을 끌어들여 마산에서 정미소를 차리기로 했다.

마산은 경남 일대 농산물의 집산지였다. 쌀이 연간 수백만 석씩 마산을 거쳐 일본으로 나갔고, 대두 고량 수수 등이 만주에서 들어왔다. 물자와 돈의 움직임이 제법 컸다. 도정 능력은 모자랐다. 일본인은 규모가 있는 정미소를 경영했으나, 한국인 정미소는 형편없었다. 돈을 주고도 정미소 빈터에 벼 가마니를 쌓아두고 도정을 기다려야 했다. 사업성을 확신했다. 1936년 봄 북마산에 〈협동정미소〉를 열었다. 이병철 회장의 창업자금은 아버지가 나눠준 연수 300석쯤의 재산이었다.

컴퓨터 3대로 시작한 아마존닷컴

창업자금을 부모한테 투자받은 사람이 또 있다. 〈아마존닷컴〉 창업자 제프 베조스(Jeff Bezos 1964~). 그가 쓴 《제프 베조스, 발명과 방황(Invent and Wander: The Collected Writings of Jeff Bezo)》 서문에 그 내용이 나온다. 서문은 《레오나르도 다빈치》 《스티브 잡스》를 쓴 세계적 전기 작가 월터 아이작슨(Walter Isaacson)이 썼다.

양아버지 마이크(Mike)와 어머니 재키(Jackie)는 자신들이 일생 저축한 돈을 처음에는 10만 달러, 다음에는 더 많이 투자했다. 사업 콘셉트와 계획도 전혀 이해하지 못했지만, 아들을 믿었다. 어머니는 훗날 "우리는 아마존이 아닌 제프에게 투자한 거예요"라고 말했다. 그 덕에 부모는 아마존닷컴 지분 6%를 소유하게 됐으며, 그것을 활용해 유아에게 학습 기회를 제공하는 자선사업을 펼쳤다.

어머니 재키는 제프를 열일곱 살 때 임신했다. 1964년, 고등학생 때였다. 학교에선 내쫓으려 했다. 재키의 아버지가 교장과 담판해서 졸업할 수 있었다. 제프의 친부는 자전거점을 운영했고 서커스에서 외발자전거 공연을 했다. 결혼 생활은 아주 짧았다. 제프가 네 살 때 어머니

푸르던 날 · 111

는 마이크로 불리는 미구엘 베조스(Miguel Bezos)와 재혼했다. 그는 자립적이고 모험심이 강한 사람이었다. 열여섯 살에 피델 카스트로(Fidel Castro 1926~2016) 치하의 쿠바를 떠나 혼자 미국으로 건너온 망명자였다. 결혼 후 활기 넘치는 그녀의 아들, 제프를 입양했고, 제프는 그의 성을 따랐다.

제프는 프린스턴대학교(Princeton University)에서 물리학을 전공하고 싶었으나 어려운 미적분 문제를 손쉽게 푸는 친구들 모습에 주눅 들어 전기공학과 컴퓨터공학으로 전공을 바꿨다. 졸업 후 뉴욕으로 가 헤지펀드 회사에 입사했다. 컴퓨터 기술을 금융에 활용할 수 있게 하는 일을 했다.

제프는 1994년 어느 날 인터넷 사용자가 매년 2,300% 이상씩 늘고 있다는 통계를 보게 됐다. 그 순간 아이디어가 반짝했다. '온라인 소매점, 다시 말해 디지털판 시어스(Sears 미국의 대형 백화점 체인) 카탈로그를 만들면 좋겠다.'

한 가지 제품, 책부터 시작하기로 했다. 책을 좋아하기도 하지만, 썩지 않는 것도 매력적이었다. 오프라인 매장에서는 수백만 권을 전시할 수 없지만, 온라인에서는 가능하지 않은가. 판매 품목은 점점 늘려가면 되고….

제프는 그 아이디어를 자신이 만든 '후회 최소화 체계(regret minimization framework)'에 넣어 돌려보았다. 이는 80세가 되었을 때 해당 결정을 되돌아보며 어떤 감정을 느낄지 상상해보는 것이다. 제프는 나중에 후회할 일을 최소화하고 싶어 이 체계를 만들었다.

"… 이런 시도를 했던 걸 여든 살이 되었을 때 후회하진 않으리라는 생각이 들었습니다. 제 판단엔 이 인터넷이라는 것이 정말 대단한 뭔가가 될 듯했고 … 시도해보지 않는다면 후회하게 되리란 걸 알았던 겁니다. …."

제프는 아내 매켄지(MacKenzie)와 시애틀로 자동차 여행을 떠나며 사업계획서를 만들었고, 시애틀에 방 두 칸짜리 집을 빌렸다. 그 집 차고에 선 워크스테이션(Sun workstation) 3대를 놓고 회사를 차렸다. 1995년 7월 16일부터 아마존닷컴은 가동을 시작했다. 첫 달에 아마존은 미국 50개 주, 전 세계 45개국에 상품을 팔았다. 특별한 마케팅이나 홍보 활동도 없었다. 친구들에게 입소문을 내달라고 부탁한 게 전부였다.

| 창업자가 자서전에 담아야 할 이야기들 |

이병철 회장, CEO 제프 베조스, 두 사람이 쓴 자서전 《호암자전》

《제프 베조스, 발명과 방황》에 나오는 창업 이야기다. 창업가들이 자서전을 어떻게 써야 하는지 잘 보여주고 있다. 먼저 창업에 이르는 과정이 어떠했는지 보여줘야 한다. 이병철 회장은 방황 끝에 뜻을 세워 삼성그룹을 일궜다. 제프 베조스는 대학교 전공을 살려 취업했다가 현장에서 폭발적인 인터넷 성장세를 보고선 반짝이는 아이디어를 얻어 〈아마존 닷컴〉을 세웠다.

창업가라면 자서전을 쓸 때 어떤 계기로 창업을 결심했는지에 정성을 들여야 한다. 기존 직장에 대한 불만족, 문제 해결을 위한 열망, 우연한 기회 등이 창업 동기일 수 있다.

창업 초기 시행착오, 결정적 순간과 전환점, 실패와 배운 점 등도 반드시 챙겨야 한다. 시행착오는 모든 창업가가 경험한다. 자금 부족, 시장의 냉대, 구성원들과의 갈등…, 이런 어려움을 극복해 나가는 과정을 보여줘야 한다. 실패한 부분은 솔직하게 인정하고 무엇을 배웠는지, 기록으로 남겨야 한다. 또 사업이 마침내 성장하게 된 결정적 순간과 전환점은 창업기의 클라이맥스와 같은 부분이다. 더불어 자신의 경영 철학과 경영 방식을 보여줘야 한다.

창업기를 쓰면서 마음가짐을 다잡을 수 있으며, 미래 창업가에게 영감을 줄 수 있다.

ㅁ ㅎ ㅇ ㅆ ㄴ ㅈ ㅅ ㅈ

색스의 첫 환자는
'호프'였다

창업이든 취업이든, 쉬운 일은 없다. 둘 다 젊은이의
밤잠을 설치게 한다. 이병철 회장이 창업 결심할 때 그
랬듯이 쉽게 잠들지 못한 그 날밤의 기억은 세월이 흘
러도 지워지지 않는다. 첫 출근의 기억 역시 날이 가도 생생하기만 하
다. 그날의 설렘, 기쁨은 잊히지 않는다.

올리버 색스(Oliver Wolf Sacks 1933~2015)는 영국 출신 신경
과학자였다. 작가로서도 명성이 높아 〈뉴욕타임스〉는 그를 '의학계의
계관시인'으로 불렀다. 《아내를 모자로 착각한 남자》《뮤지코필리아》
《목소리를 보았네》《나는 침대에서 내 다리를 주웠다》 등이 대표작이

푸르던 날 · 115

다. 2015년 82세로 세상을 떠나기 직전 자서전 《온 더 무브(On the Move: A Life)》를 펴냈다. '온 더 무브'는 정체되지 않고 늘 새로운 것을 탐구하고 발견하길 멈추지 않은 그의 삶의 태도가 담긴 제목이다.

색스는 《온 더 무브》에서 모터사이클에 빠졌던 청소년 시절부터 이야기를 풀어간다. 좀 더 커서 옥스퍼드대학교(University of Oxford)에 입학할 무렵 부모에게 동성애자임을 커밍아웃했다. 어머니는 "가증스럽구나. 너는 태어나지 말았어야 해!"라고 소리쳤다. 이 말은 그에게 죄의식을 심어줬고, 그래서 굴곡이 많았다.

우여곡절은 있었지만, 색스는 퀸스칼리지((The Queen's College)서 의학을 공부하고 1958년 12월 13일 의사자격증을 받았다. 1959년 1월 1일부터 〈미들섹스(Middlesex)병원〉에서 인턴 과정을 할 예정이었다. 2주간 여유가 있었는데, 그 기간에 다른 병원에 임시 인턴 자리를 구했다.

그는 의사가 됐다는 사실에 흥분했다. 동시에 겁도 났다. 자칫 모든 걸 망치고 놀림거리가 될 수도 있었다. 아무것도 맡기지 못할 위험한 돌팔이 취급을 받지 않을까 두려웠다. 그래서 잠시나마 경험을 쌓으려 임시 인턴 자리를 찾았다. 그 첫날을 색스는 자서전에 생생하게 남겼다.

"… 첫날 새벽 1시에 호출이 왔다. … 황급히 병동으로 내려가 나의 첫 환자를 진찰했다. 생후 4개월 된 남아였다. 입술 주위가 시퍼렇고 고열에 숨이 가쁘고 숨 쉴 때 쌕쌕거리는 소리가 났다. ….”

색스는 의사로서 '첫 경험'에 벌벌 떨었다. '아기를 구할 수 있을까?' 애송이 의사에게 노련한 수간호사가 도움과 지침을 주었다. 밤샘하며 치료에 매달렸고, 아기는 새벽 동이 터올 무렵 위험에서 벗어났다. 아기 이름은 딘 호프(Dean Hope)였다. '희망'의 힘이 작용한 덕분이었는지도 모른다.

|　　　　　　　　　　너무나 생생한 첫 출근의 기억　　　　　　　　　|

누구나 직장에 첫 출근 해 처음 맞닥뜨렸던 일은 세월이 지나도 선명하게 기억한다. 색스는 날짜, 시간, 환자 이름까지 자세히 밝히고 있지 않은가. 일기 등 개인 기록물에서 확인한 것인지는 알 수 없지만….

블로그와 SNS에 올라온 보통 사람들이 쓴 첫 출근의 추억도 생생하기 이를 데 없다. 그날의 날씨, 옷차림, 신발, '내 자리'에 앉을 때 기분, 옆자리 사수가 건넸던 말까지도. 수십 년 전 기억을 되살린 글들이 블로그에는 많다. 다음은 첫 출근날의 기억 모음이다.

'추웠다. 치마는 짧았는데, 검정이었다. 허벅지 중간까지 내려오는 체크무늬 재킷을 입었다. 신발은 굽 높이가 6㎝ 정도였다. 첫 출근이어서 지각하지 않으려 서둘렀더니 한 시간이나 일찍 도착했다. 셔터가 내려져 있었는데 직원 출입구를 찾지 못해 애먹었다. 긴장해 앉아 있는데 바로 옆에 앉은 선배의 메시지가 와서 놀랐다. 팀원들이 남자 신입이 오기를 기다렸는데 여자 신입이 왔네라고 했다. 6시 퇴근 시간이 지났는데 아무도 나가지 않아 당황스러웠다. 20여 분이나 지나서야 가도 좋다고 했다.'

누구는 스리피스를 입고 갔다고 썼고, 누구는 첫 출근날 너무 긴장해서인지 버스에서 멀미해 내리자마자 토했다고 털어놓기도 했다. 또 신입사원에게 꼭 화장실 위치를 알려준다는 분도 있었다. 자신이 첫 출근했을 때 화장실을 찾지 못해 고생했던 일이 떠올라서라고 했다. 하나같이 잠시 전 있었던 일처럼 첫 출근 장면들을 묘사했다.

2000년대 들어서 첫 출근 한 사람들은 치열한 '스펙' 경쟁을 치러야 했다. 취업 준비생에게 컴퓨터 활용 능력, 각종 어학 능력 등 자격증은 필수로 여겨졌다. 취업 카페, 블로그에서 면접 후기 등 취업 정보를 공유했다. 대기업 입사 전 인턴을 거치는 것이 점점 일반화됐고, 교환학생, 해외 연수 경험이 있으면 가산점이 주어졌다.

그나마 국내 경기가 IMF 외환위기에서 회복될 때였고, 대기업 공채

와 IT 스타트업 붐이 활발했던 게 다행이었다. 그래도 대기업 신입 공채 경쟁률은 높기만 했다. 2006년에는 평균 100대 1을 넘기며 '취업 빙하기'가 지속되고 있다고 언론은 보도했다.

대부분 신입사원은 첫 출근을 앞두고 설렘과 긴장을 동시에 느꼈다. 전날 잠을 설쳐 피곤한 상태로 첫 출근 하는 경우도 많았다. 첫 출근에 앞서 인터넷에서 '첫 출근 꿀팁' 등을 검색하며 기본 매너를 익히기도 했다.

첫날에는 대개 신입사원 오리엔테이션에 참석했으며, 업무용 노트북과 신분증을 받기도 했다. 첫 점심시간을 신입끼리 어색하게 해결했거나, 인사를 겸해 간부사원과 함께하기도 했다. 빠르면 오후에 바로 부서에 배치돼 사수, 팀장과 첫 대면을 했을 수도 있다. 팀원들과도 인사를 나누고 자기소개를 하고, 업무를 시작했을 수도 있다.

선배들은 아마 서류 정리나 자료 조사, 엑셀 입력, 이메일 보내기 등 간단하고 단순한, 위험부담이 적은 일을 시켰을 것이다. 그 와중에 실수해 신입 티를 냈을 수도 있다. 한 경제신문이 2007년 3월 보도한 바에 따르면 신입사원의 90%가 첫 출근 날 실수를 했으며, 팀장 이름을 잘못 부른 경우가 가장 많았다. 당시는 IT 스타트업에서는 이름에 '님'을 붙이는 문화가 도입되고 있었다. 대기업은 여전히 직급을 불렀지만, 호칭의 수평화가 시작됐을 때였다.

일과 후 어쩌면 신입사원 환영 회식에 참석했을 수도 있다. 술을 강요하지는 않았지만, 첫 회식은 무조건 참석해야 하는 분위기였다. 첫 출근 후 블로그나 〈싸이월드〉에 '첫 출근 후기'와 '직장인으로서 자기 다짐'을 남기기도 했다. 2004년 이후 주 5일 근무제가 일반화돼 토요일은 쉬었을지 모른다.

그렇게 긴장과 설렘과 실수를 거듭하다가 어느새 한 달이 지나 첫 월급을 받으며 웃음 지었을 것이다. 혹시 부모님께 빨간 내의를 선물했는가, 자신에게는 무엇을 선물했는가. 그 시절 초년 직장인들은 첫 월급을 받으면 MP3 플레이어나 디지털카메라 등 디지털기기를 사는 게 유행이었다.

| 개인사와 사회사 버무려야 |

이런 첫 출근의 기억은 자서전에 담을 훌륭한 글감이다. 첫 출근의 기억을 효과적으로 쓰려면 감정, 배경, 당시의 사회적 맥락 등을 함께 담아야 한다.

취업 준비, 면접, 합격 통보를 받았을 때의 기분 등 첫 직장을 얻기까지의 과정을 먼저 쓴다. 이어 출근 전날 밤의 설렘, 긴장, 걱정 등 심정도 담아둔다. 당시 개인의 경제 사정과 가족의 반응 등을 기록으로 남겨두면 훗날 취업의 의미를 되새길 수 있을 것이다.

첫 출근은 나의 첫인상도 중요하지만, 내가 느낀 회사에 대한 첫인상도 중요하다. 건물, 사무실 분위기, 직원들의 표정도 써둘 만하다. 어떤 기분으로, 어떤 복장으로, 몇 시에, 어떤 교통편으로 첫 출근 했는가. 지하철이나 버스 안, 거리, 회사 부근 길거리 등 그날 본 모든 것이 글감이다. 이날의 한 장면 한 장면은 뇌리에 깊이 새겨지겠지만, 기억보다는 기록의 힘이 더 강하지 않은가.

첫날 받은 업무 혹은 교육은 어떤 내용이었는지, 부서에 배치돼 만난 선배나 상사의 첫인상과 반응, 즉 친절했는지 냉정했는지, 첫날 무언가 실수는 하지 않았는지, 실수했을 때의 당황스러웠던 기억은 나중에 추억이 될 것이다.

내 인생에 첫 출근은 어떤 의미를 지녔는지도 따져봐야 한다. 조직 문화, 인간관계, 업무 태도 등에 관해 배운 점, 이후 직장 생활 또는 창업에 어떤 영향을 주었는지 등도 분석해 봐야 한다.

한 개인의 첫 출근이지만 당시 사회와 경제 상황에 비춰 어떤 의미를 지니는지 따져볼 수 있다. IMF 외환위기 이후, IT 붐, 청년 실업률 등과 관련한 나의 첫 출근의 의미를 해석해 볼 수 있다. 또 야근 문화, 호칭 사용 방식, 연봉 체계 등 그 시대 직장 문화를 분석해 볼 수도 있다. SNS, 뉴스, 통계 자료를 활용해 동년배들과 첫 출근의 경험을 비교해 보는 것도 재미있는 시도이다.

당시 사용하던 다이어리, 플래너, 메모, 블로그 등을 찾아보고, 입사

동기들에게 연락해 그 시절 이야기를 들어보고, 뉴스 검색해서 사회 분위기를 떠올려보고, 첫 출근 때 입었던 옷, 신었던 신발 같은 사소한 디테일을 회상해 보면 누구나 첫 출근 기억을 복원하는 게 그다지 어렵지는 않을 것이다.

ㅁㅎㅇㅆㄴㅈㅅㅈ

프랭클린플래너에
담긴 추억들

지금은 회사원이나 자영업자나 취향에 맞는 앱을 쓰지만, 과거에는 회사명이 새겨진 수첩과 플래너를 많이 썼다. 대기업들은 해마다 새로 만들어 사원들에게 배포하고, 홍보용으로 뿌리기도 했다. 시중 판매용 플래너의 대명사는 〈프랭클린플래너(Franklin planner)〉였다.

프랭클린플래너는 벤저민 프랭클린에서 비롯됐다. 그는 미국 건국의 아버지 중 한 명으로 불린다. 그의 초상은 미국 100달러 지폐 앞면에 실려 있다. 작가, 우체국장, 발명가, 시민운동가, 정치인이자 외교관 등으로 활동했다. 피뢰침도 발명했다. 투철한 자기 관리로 유명하다.

그는 《프랭클린 자서전》을 남겼다. 자기계발서 중에서 명저로 꼽힌

푸르던 날 · 123

다. 그 책 중에 〈완전한 인격체가 되기 위해〉라는 꼭지가 있다. 프랭클린은 여기에 자신이 추구하고 지키며 살려고 한 가치와 나름의 시간 관리법을 소개하고 있다.

"… 이때쯤 나는 도덕적으로 완벽해지고자 하는 무모하고도 어려운 계획을 마음에 품고 있었다. … 그때까지 읽은 책에서 보았던 수많은 덕목을 열거해 보았다. … 이 덕목들 모두를 내 '자연스러운 습관'으로 만들고 싶었다. …."

그가 선택한 덕목과 규율은 다음 13가지였다.

01. 절제 : 배부르도록 먹지 말라. 취하도록 마시지 말라.
02. 침묵 : 자신이나 남에게 유익하지 않은 말은 하지 말라. 쓸데없는 말은 피하라.
03. 질서 : 모든 물건을 제자리에 정돈하라. 모든 일은 시간을 정해 놓고 하라.
04. 결단 : 해야 할 일은 하기로 결심하라. 결심한 것은 꼭 이행하라.
05. 절약 : 자신과 다른 이들에게 유익한 일 외에는 돈을 쓰지 말라. 즉, 낭비하지 말라.
06. 근면 : 시간을 허비하지 말라. 언제나 유용한 일을 하라. 안 해도

될 행동은 끊어 버려라.

07. 진실 : 남을 속이려 하지 말라. 순수하고 정당하게 생각하라. 말과 행동이 일치하게 하라.

08. 정의 : 남에게 피해를 주거나 응당 돌아갈 이익을 주지 않거나 하지 말라.

09. 중용 : 극단을 피하라. 상대방이 나쁘다고 생각되더라도 홧김에 상처를 주는 일을 삼가라.

10. 청결 : 몸과 의복, 습관상의 모든 것을 불결하게 하지 말라.

11. 평정 : 사소한 일, 일상적인 일이나 불가피한 일에 흔들리지 말라.

12. 순결 : 건강이나 자손 때문이 아니라면 성관계를 피하라. 감각이 둔해지거나 몸이 약해지거나, 자신과 다른 이의 평화와 평판에 해가 될 정도까지 하지 말라.

13. 겸손 : 예수와 소크라테스를 본받아라.

마지막 13번째 겸손은 원래 없었으나 '살짝 오만하다'라는 친구의 충고에 추가했다.

그는 이 13개 덕목을 ㅈ키려고 수첩에 점검표를 만들어 매일 저녁 확인했다. 매주 1개의 덕목을 제대로 지키는 게 목표였다. 1년이 52주이니 1년에 4번씩 점검하는 셈이다.

'모든 일은 시간을 정해 놓고 한다'라는 규율을 지키려고 하루 24시

푸르던 날 · 125

간을 어떻게 보낼지도 계획했다. 자기반성을 위해서였다. 아침 5시에 일어나고 밤 10시에 취침하려 했는데, 아침에는 '오늘은 무슨 좋은 일을 할 것인가?'를 계획하고, 저녁에는 '오늘은 무슨 좋은 일을 했는가?'를 확인했다. 그는 이렇게 매일 시간 관리를 하고, 시간을 아껴 썼다. 계획적이고 자신을 되돌아보는 삶을 살았다. 그걸 수첩에 일일이 기록하며 평생 자신을 관리했다.

〈프랭클린플래너〉는 거기서 나왔다. 《성공하는 사람들의 7가지 습관(The 7Habits of Highly Effective People)》을 쓴 스티븐 코비(Stephen R. Covey 1932~2012)가 1998년 〈프랭클린코비〉라는 회사를 만들어 출시한 베스트셀러 상품이다. 회사 이름은 프랭클린과 코비, 둘을 합쳐 만들었다. 프랭클린이 썼던 플래너로 코비가 주장하는 성공 습관을 만들 수 있다는 의미다. 자기 관리에 관심 있는 사람들에게 인기를 끌었다.

이 플래너는 프랭클린의 철학을 반영해 만들었다. 사용자가 자신의 가치와 사명, 역할을 정의하고, 장기 목표를 설정한 후 주간 및 일일 계획을 세울 수 있도록 했다. 또 일을 우선순위에 따라 실행할 수 있도록 돕는 체계적인 형식을 갖췄다. 플래너 사용자가 가장 중요한 일에 집중하고 효과적으로 시간을 관리할 수 있도록 했다.

다이어리, 플래너, 저널, 스케줄러

한국의 성인이라면 다이어리를 쓰고 있거나 써본 기억이 있지 않은가. '다꾸' 마니아는 아니라고 하더라도…. 다이어리라고 통칭하지만, 사실은 여러 기능이 복합즈으로 담긴 노트나 앱을 쓰고 있거나 썼을 것이다.

일상을 기록하는 도구로는 다이어리(diary), 플래너(planner), 저널(journal), 스케줄러(scheduler)가 있다. 이 네 가지는 모두 자기 관리와 기록을 위한 것이다. 사용자의 습관과 필요에 따라 원하는 대로 조합해 쓰기도 한다. 어떤 것을 쓰든 꾸준히 기록하면 목표 달성, 자기 성찰, 생산성 향상에 도움이 된다.

다이어리는 개인적인 일상과 감정, 사건을 날짜별로 기록하는 형식의 노트다. 전통적으로는 일기를 뜻한다. 보통 하루하루의 감정과 사건을 기록하는 공간이다. 다이어리에는 때로는 아무에게도 말할 수 없는 속마음을 털어놓기도 하고, 소소한 일상의 디테일을 적어 내려가기도 한다. 자신의 감정을 직면하고 싶을 때, 복잡한 하루를 간단히 정리하고 싶을 때, 현재의 순간을 붙잡아 두고 싶을 때 쓰는 게 다이어리다. 하루를 되돌아보며 자기 성찰을 원하는 사람이 쓰면 좋다.

푸르던 날 · 127

다음은 다이어리 예시문이다. "오늘은 이상하게 기분이 들떠 있었다. 별일이 없었는데, 창밖 햇살이 너무 좋아서 그런가? 점심시간에 회사 앞 공원을 산책했는데, 라일락 향기가 참 좋았다. 사소한 것에도 행복을 느낄 수 있다면, 아직은 괜찮은 거겠지."

플래너는 계획 수립과 목표 달성을 위한 도구다. 주간, 월간, 연간 단위로 구성되어 있다. 행동과 일정을 중심으로 기록한다. 목표 중심의 계획을 세우는 데 쓴다. 해야 할 일, 계획을 기록한다. 연간, 월간 목표를 설정하고 이를 주간 단위로 구체화하는 데 유용하다. 목표 중심적 사고, 행동 설계, 자기계발에 적합하다. 목표 지향적이며 자기계발에 관심 많은 사람이 쓰기에 좋다.

다음은 플래너 예시문이다. "5월 목표: 자서전 1차 원고 완성하기, 이번 주 계획 (5월 13~19일) 월: 챕터 1 완성, 화: 챕터 2 초안 작성, 수: 챕터 2 다듬기, 목: 표지 시안 확인, 금: 원고 검토, 토: 쉬기, 일: 다음 주 계획 세우기"

저널은 생각, 감정, 목표, 통찰 등 다양한 내용을 자유롭게 기록하는 공간이다. 특정 테마, 예를 들면 감정 저널, 감사 저널, 독서 저널 등으로 활용할 수 있다. 자기 탐색과 사고 정리를 하려고 쓴다. 감정, 아이디어, 목표를 다룬다. 자기 생각과 감정을 자유롭게 적는 공간이다. 창의적 사고나 정서적 안정이 필요한 사람이 쓰기에 적합하다.

다음은 저널 예시문이다. "[오늘 감사한 일 세 가지] 1. 지하철에서 자리를 양보받았다. 덕분에 책을 편하게 읽었다. 2. 오랜만에 엄마와 통화했다. 서로 웃으며 대화를 나눴다. 3. 미뤄두었던 일을 끝내고 마음이 홀가분하다."

스케줄러는 시간표나 약속을 중심으로 시간 단위의 일정 관리에 초점을 맞춘 기록 도구이다. 일정 및 시간 관리 용도로 사용한다. 약속, 회의, 업무 시간표 등이 주된 기록 내용이다. 이들 시간 운영에 최적화되어 있다. 하루를 시간 단위로 나누어 상세히 계획할 수 있게 해준다. 개인의 생산성과 삶의 질을 높이는 데 보탬이 된다. 시간 활용 능력을 키우고 싶은 바쁜 직장인, 학생에게 도움이 된다.

다음은 스케줄러 예시문이다. "5월 14일 (수요일), 06:30 기상, 07:00 조깅, 08:00 출근 준비, 09:00~10:00 팀 회의, 10:00~12:00 보고서 작성, 12:00~13:00 점심식사, 13:00~15:00 클라이언트 미팅, 15:00~17:00 원고 정리, 18:00 퇴근, 19:00 저녁 약속 (홍대 이자카야), 22:00 귀가 및 정리, 23:00 취침"

다이어리에 '박제'된 젊음을 깨워라

연도	다이어리	플래너	저널	스케줄러
정의	전통적으로는 일기를 뜻함	계획 수립과 목표 달성용 도구	다양한 내용을 기록하는 공간	시간 단위 일정 관리 도구
목적	감정과 사건의 기록	목표 중심의 계획	자기 탐색과 사고 정리	일정 및 시간 관리
기록 내용	그날 있었던 일, 감정	해야 할 일, 계획	감정, 아이디어, 목표	약속, 회의, 업무 시간표 등
추천 대상	내면 탐색, 감정 해소	자기계발자, 작심삼일 방지	창의적인 사람, 자아탐색	바쁜 직장인, 학생
디자인 예시	일기장	1년치 플래너북	불렛저널, 감정노트	데일리/위클리 타임블럭 노트

일상을 기록하려면 먼저 용도부터 명확히 해야 한다. 일정 관리, 할일 목록(To-do 리스트), 정보 수집, 아이디어 기록, 일기 중 자신의 목적에 맞게 용도를 정하면 효율적으로 쓸 수 있다.

플래너에 업무의 중요도와 긴급도를 고려해 우선순위를 정리하면 시간과 에너지를 효율적으로 쓸 수 있다. '긴급함' '중요함' '긴급하지 않음' '중요하지 않음'을 따져 우선순위를 정하는 스티븐 코비의 '우선순위 매트릭스'를 활용하면 먼저 해야 할 일과 나중에 해야 할 일을 쉽게 가릴 수 있다.

월간, 주간, 일간, 시간 단위 계획을 함께 작성하면 장단기 목표를 나눠 관리할 수 있다. 키워드별로 중요한 일이나 아이디어를 모아 정리하면 쉽게 찾고 알아볼 수 있다. 꾸준하고 성실하게 쓰는 게 무엇보다 중요하다. 출근 후 5분, 퇴근 전 5분을 활용해 작성하는 습관을 들이는 것도 좋다.

정해진 포맷의 플래너나 다이어리를 쓰는 것이 부담스럽다면 나름대로 간단한 형식을 정하는 것도 도움이 된다. 예를 들어 '오늘의 한 줄 요약' '기억에 남는 순간' '감사한 일 세 가지' '내일의 계획' 등 자신에게 필요한 고정 항목을 만들면 쓰기 편하다. 앱을 쓴다면 다양한 기능을 담은 앱 중 자신이 쓰기에 가장 적당한 것을 고르면 된다.

예전에 쓴 다이어리가 있다면 자서전 쓰기가 한결 쉽다. 옛날 다이어리를 열어보면 나의 젊음이 고스란히 담겼다. 청춘의 사랑 고민 방황 도전이 어떠했는지 한눈에 확인할 수 있다. 자서전 쓰기에 그만한 자료는 없다.

신입사원 시절 손때가 묻은 플래너가 어딘가 묻혀 있지는 않은가. 묵혀 두었던 그 플래너를 펼치면 푸릇푸릇했던 그 시절 추억이 샘솟을 것이다.

다이어리와 플래너를 펼치면 '박제'된 나의 20대 중후반이 깨어난다. 어떤 기술과 지식을 익혔는지, 가장 중요하게 여긴 자기 계발은 무엇이었는지…, 젊은 시절 애쓴 흔적과 습관이 고스란히 담겼다. 한 페이지 한 페이지 넘기다 보면 지금의 내가 어떻게 형성되었는지 실마리를 찾을 수 있다. 또 멘토나 책을 통해 배운 가장 큰 교훈은 무엇인지, 어떤 실패를 했고, 어떻게 일어났는지도 알 수 있다. 그 실패와 도전이 내 삶에 어떤 의미가 있는지 따져보는 것만으로 어디서도 배울 수 없는 교훈을 얻을 수 있다. 젊은 날 도전의 기억은 새로운 시도를 하는 데 용기를 북돋워 줄 것이다.

| ㅁ | ㅎ | ㅇ | ㅆ | ㄴ | ㅈ | ㅅ | ㅈ |

이현세는 왜
만화를 그리게 됐을까

 벤저민 프랭클린이 꼽은 네 번째 덕목은 '결단'이다. 해야 할 일은 하기로 결심하고 꼭 이루어야 한다는 것이다. 결단해서 운명의 물꼬를 틀 수도 있지만, 운명에 맞서기보다는 선선히 받아들여서 일가를 이루기도 한다.

만화가 이현세(1956~)는 《공포의 외인구단》《아마게돈》《남벌》 등이 대표작으로 손꼽힌다. 만화 스토리 만큼이나 삶도 우여곡절이 많았다. 순탄치 않은 삶을 살았다. 그는 《인생이란 나를 믿고 가는 것이다》라는 자서전에 굴곡 많았던 삶을 털어놓았다.

이현세는 어릴 때 '입조심'을 해야 했다. 둘째 삼촌이 인민군이었다.

푸르던 날 · 133

한국전쟁 때 내려와 밥을 먹고 갔다는 사실 때문에 '빨갱이' 가족으로 지목됐다. 할머니는 입조심 해야 한다고 신신당부했다. 어린 시절 주눅 들어 살아야 했다. 게다가 아버지로 알았던 큰아버지, 셋째 삼촌으로 알았던 친아버지는 모두 일찍 돌아가셨다. 그는 초등학교 2학년 때 집 안 남자 중 제일 나이가 많아 가장 역할을 해야 했다.

그림 그리며 고달픔을 달랬다. 꿈은 미대 진학이었다. 화가나 미술 교사가 되고 싶었다. 대입을 앞두고 학교에서 신체검사를 받았다. 색약 색맹을 가리는 색신검사도 포함돼 있었다. 결과는 '적록색약'이었다. 미대 진학 길은 막혀 버렸다. 이현세는 그 후 학교도 나가지 않았다.

"… 나는 날마다 … 술에 빠져 살았다. … 얼마나 지났을까. … 운명의 계시일지도 모른다는 생각이 들었다. … 만화라면 반드시 컬러를 필요로 하지 않았고 반드시 미대에 갈 필요도 없었다. … 그것은 어마어마한 발견이자 '만화가 이현세'가 시작된 운명의 순간이었다. …."

진로를 불가피하게 회화에서 만화로 바꿔야 했다. 운명에 맞선 결단이 아니라 받아들이는 수용이었다. 그게 만화가 이현세를 만들었다. 그는 자서전에 "운명은 늘 벽을 만드는 것과 동시에 길을 만들어주었고 그 안에서만큼은 모든 것은 나의 의지로 결정한다는 마음가짐으로 살아왔다"라고 썼다.

한경희는 결단했다

여대생 한경희(1964~)는 독립을 꿈꿨지만, 완고한 아버지에게 두 번이나 가로막혔다.

"졸업만 하면 무슨 일을 어디서 한다 해도 반대하지 않으마."

아버지 그늘에서 벗어나 자유롭게 날개를 펼치려면 해외로 나가야 했다. 그 심산으로 학교 도서관에 콕 박혀 영어와 프랑스어를 독하게 갈고 닦았다.

졸업을 앞두고 스위스 르잔에 있는 국제올림픽위원회(IOC)에서 직원 채용 공고가 나왔다. 지원했고, 합격했다. 1986년 9월부터 IOC 본부에 출근했다. 젊은이들이 선망하는 국제기구 직원이 됐다. 당시는 서울 올림픽을 앞둔 상황이어서 나름대로 기대가 컸다.

"당장은 경희 씨가 할 일이 많지 않아요. 당분간은 신문 스크랩을 부탁할게요."

첫 출근날 주어진 업무는 신문 기사를 오려 붙이는 일이었다. 한숨이 절로 새어 나왔다. '편하게 일하고 돈도 받고, 이런 생활도 나쁘지 않아.' 자신을 달래며 1년여를 보낸 뒤 어느 날 거울 속 한경희가 너무나 낯설게 느껴졌다. 그날로 사표를 내고, 미국행 비행기에 올랐다. 1988년, 스물다섯이었다. 캘리포니아주립대학교(California State University, CSU)에 경영학석사(MBA) 과정을 등록하고, 호텔에서 일을 시작했다. 안정을 찾으며 IOC 시절을 되돌아봤다.

"본인의 의지에 따라 배움의 기회로 활용할 수 있는 것이 바로 단순 업무다. 만약 내가 스포츠 기사를 스크랩하면서 최근의 트렌드를 분석하고자 노력했다면, 그 가운데서 새로운 프로젝트 아이디어를 떠올릴 수도 있었을 것이다."

그는 호텔에서 처음 맡은 전화교환, 레스토랑 서빙에 마음을 다했다. 아침 식사하러 오는 단골의 성향을 기억해 메뉴를 추천할 수 있을 만큼, 주어진 일에 최선을 다했다. 세일즈 업무를 맡게 됐을 때는 전화번호부만 가지고 고객을 접촉하고 늘려갔다. 이후 미국 부동산 분야 자격증을 따고 컨설팅 업무를 했으며, 귀국 후 교육부 5급 공무원으로 일하기도 했다.

1999년, 서른여섯. 스팀청소기 사업에 뛰어들었다. 주변에서는 만류했다. 사업이 어디 쉽나? 스스로 가시밭길에 뛰어든 셈이었다. 우려 어린 시선 속에 '스팀청소기'라는 참신한 아이디어는 빛을 발했다. 국내외 시장을 휩쓸었다.

〈한경희생활과학〉의 한경희 대표는 고비마다 결단을 내리고 변신해 성공했다. 한 대표는 2008년에는 〈월스트리트저널(The Wall Street Journal)〉이 선정하는 '주목해야 할 여성기업인 50인'에 뽑히는 등 성공 가도를 달렸다. 그런 경험을 자전 에세이 《너무 늦은 시작이란 없다》에 소상히 담았다. 이 책은 젊은 날의 초상을 그리듯 꼼꼼히 세밀하게 당시 감정을 담고 있다.

| 　　　　　　　　나의 청춘은 얼마나 뜨거웠나　　　　　　　　 |

만화가 이현세 작가는 《인생이란 나를 믿고 가는 것이다》, 한경희 대표는 《너무 늦은 시작이란 없다》에서 젊은 시절 꿈을 향해 나아가는 모습을 그리고 있다.

자서전에 20대 시절을 어떻게 다루면 좋을까. 푸르던 시절의 무엇을 담아야 할까. 학업과 성장, 독립과 자립이 주요 키워드이다. 얼마나 뜨거운 청춘을 보냈는지, 무엇에 빠졌는지, 왜 선택했는지, 어떻게 다가갔는지, 미래를 준비하며 어떤 공부를 어떻게 했는지 되짚어보면 지금 자신을 이해할 수도 있다. 공부는 학업만 뜻하는 건 아니다. 다양한 사회적 경험을 어떻게 쌓아왔는지 살펴보면 그 속에 잊었던 자신의 본모습이 드러나기도 한다.

그 시절 느꼈던 기쁨, 좌절, 불안, 희망 등 감정도 살펴봐야 한다. 어떤 상황에서 기뻤고, 좌절했는지, 왜 불안했는지, 희망을 품었는지 돌아보면 젊은 날의 모습이 선명히 그려진다.

독립하고 자립하려는 의지는 어느 정도였고, 그걸 위해 어떤 계획을 세워 어떻게 실행했는지 챙겨보는 것도 중요하다. 가장 가까운 수단은 '알바'였을 것이고, 왜 어떤 알바를 얼마나 오래 했는지는 시사점을 준다. 보수와 업무강도, 상사와의 관계 등을 되새겨보면 자신의 성향을 판단할 수 있다. 싫은 일을 해야 했을 때 태도나 대응은 어땠는지 기억을 되살려 지금과 비교해 보면 그동안의 성숙도 등을 가늠할 수 있다.

젊은 시절 성장하려고 어떤 노력을 기울였는지 둘러보고 주요 내용을 기록하는 것도 나를 이해하는 데 큰 도움이 된다. 인간적으로 얼마나 성숙했는지 골똘히 생각해 보는 것이 포인트다.

ㅁ ㅎ ㅇ ㅆ ㄴ ㅈ ㅅ ㅈ

실패에서 탄생한
《해리포터》

청춘에게는 무엇이든지 허용된다. 방황도, 실패도 용인된다. 그걸 통해 단단해지리라 믿어서이다. 미래를 내다보며 한발 한발 내딛는 발걸음마다 응원의 박수가 따른다. 성취만 있는 건 아니다. 곡절 없는 삶은 없다. 좌절하고 실패하지 않은 성공은 없다. 지나고 보면 좌절과 실패는 교훈이고, 스승이고, 약속이다.

그래서였을까. 《해리포터(Harry Potter)》작가 J. K. 롤링(Joanne Kathleen Rowling 1965~)은 "실패가 유익하다"라고 말했다. 2008년 6월 5일 미국 하버드대학교 졸업식 축사에서였다. 그녀는 "실

푸르던 날 · 139

패가 유익한 까닭은 우리의 삶에서 꼭 필요하지 않고 없어도 되는 것을 벗겨내 주기 때문"이라고 연설했다.

궁핍했던 싱글맘에서 《해리포터》로 단번에 조 단위 부자 작가가 된 롤링. 그녀는 젊은 시절 "결혼이 깨졌고, 직장을 잃었고, 싱글맘이 되었고, 가난했다"며 "저는 가장 큰 실패자였다"고 술회했다. 롤링은 또 "인생에서 그 기간은 어두웠는데 그 어둠의 터널이 얼마나 멀리 뻗어 있는지 전혀 몰랐다"며 암담했던 시절을 떠올렸다. 그녀는 그래도 그 좌절과 실패의 시절이 삶에 보탬이 됐다고 말했다. 자신에게 중요한 하나의 일에 모든 에너지를 쏟을 수 있게 해주었기 때문이다. 만약 다른 분야에서 성공했다면 정말 하고 싶은 일에 집중하지 못했을 것 아닌가. 그래서 실패는 유용했다고 설명했다. 사랑하는 딸, 오래된 타자기와 큰 아이디어에만 집중했고, 그 결과가 《해리포터》였다. 원고는 12번 퇴짜맞았다. 1996년 13번째로 찾아간 소규모 출판사 〈블룸즈버리(Bloomsbury Publishing)〉가 받아주었다. 다음 해 6월 초판 500부를 찍어 《해리포터》가 세상에 나왔다. 모두 7권이 발행됐고, 전 세계에서 5억 권 이상 판매된 것으로 추정된다. 자산은 1조 원이 넘는 것으로 알려졌다.

롤링은 "인생에서 실패는 불가피하고, 무언가 실패하지 않고 살기는 불가능하다"라고 말했다. 너무 조심스럽게 살면 오히려 근본적으로 실패할 수 있다고 경고했다. 그녀는 "실패는 시험에 합격해서 결코 얻을 수 없었던 내면의 안정감을 주었으며, 실패는 다른 방법으로는 배울 수 없었던 나에 대한 것을 가르쳐 주었다"라고 덧붙였다. 실패하면서 자신이 강한 의지의 소유자임을 알게 됐으며, 루비보다 더 가치 있는 친구들이 있다는 것을 깨달았다고 말했다. 실패함으로써, 역설적으로 소중한 것을 얻을 수 있었다는 뜻이다.

롤링은 사회에 첫발을 내딛는 하버드대학교 졸업생에게 실패의 유용성을 말하면서 주저하지 말고 도전하라고 권했다. 따져보면 새로운 이야기는 아니다. 롤링 식 표현일 뿐 핵심은 익히 알고 있는 것들이지 않은가. 자신을 '가장 큰 실패자'라고 표현했지만, 롤링은 싱글맘이 되면서 관계의 실패를 경험했고, 직장을 잃고 가난해지면서 경제적으로 궁핍했을 뿐이다. 철저히 망가졌다고, 실패했다고는 말할 수 없다. 창작욕이 살아있었고 《해리포터》로 완벽하게 성공했다. 실패는 창작에 집중하게 했고 성공으로 이어졌다. 다시 가족을 꾸릴 수 있었고 경제적 풍요와 사회적 명성도 얻었다.

| 성공이 마중 나오는 실패 |

혹시 실패한 적이 있는가? 어떤 실패를 경험했는가?

푸르던 날 · 141

20, 30대에는 인생에서 중요한 선택을 해야 하는 시기이고, 현실과 이상이 충돌하기도 하는 때이다. 이 무렵 많은 사람이 직업적, 경제적, 관계적으로 실패를 맛보고 좌절한다.

30대는 직업적으로 직장에서 입지를 굳히기도 하지만 성장의 한계를 느끼기도 한다. 제때 승진하지 못하거나 경력 정체를 경험하기도 한다. 능력에 회의감이 들 수도 있고, 인정받지 못해 자기 효능감이 떨어질 수도 있다. 이직으로 활로를 뚫어보려 하지만 리스크가 두려워 섣불리 움직일 수도 없다.

경제적으로 쪼들린다. 기혼자는 아이 낳고 주택을 마련해야 해서 경제적 압박을 심하게 겪는다. 많은 30대가 대출금 상환에 허덕인다. 누가 어디다 얼마를 투자해 대박을 터뜨렸다는 풍문을 듣고 주식과 아파트에 투자해보지만, 모두 다 뜻을 이루지는 못한다. 오히려 손해가 나서, 투자 실패로 힘들어하는 사람도 적지 않다.

관계에 실패해 고민하는 사람도 많다. 기혼자는 경제적 이유와 육아 문제로 갈등을 빚는 일이 잦다. 부모와 충돌하고, 고부간에 반목하기도 한다. 마음 터놓고 지냈던 친구들도 하나둘 떠나고 외톨이가 된 기분을 느끼기도 한다. 직장과 가정생활이 우선이다 보니 사회적 관계가 줄어들기 때문이기도 하지만, 먹고 살려고 모두 뿔뿔이 흩어져 연락이 끊기며 관계는 자연스럽게 멀어지고 만다.

모든 실패는 고통스럽다. 그걸 제대로 겪어내면 성공이 마중 나온다. 실패를 어떻게 마주하느냐에 따라 결과는 정반대다. 실패를 어떻게 받아들이느냐에 따라 성공할 수도, 거듭 실패할 수도 있다. 실패해도 포기만 하지 않는다면 성공할 수 있는 길은 열려 있다. 그걸 믿고 정진하면 성과를 낼 수 있다. 좌절과 실패가 크면 클수록 성공도 크다. 실패는 성공으로 뚫려있다.

"인생에서 실패했다"라는 말은 단순한 좌절을 넘어, 삶의 목표를 이루지 못했거나 기대했던 성취를 이루지 못한 상태를 뜻할 수 있다. 어떻게 정의하느냐에 따라 실패의 의미는 달라진다.

사회적으로는, 사회가 기대하는 성공의 기준을 충족시키지 못했을 때 실패로 간주한다. 재산, 직업, 사회적 지위가 기준이 될 수 있다. 궁핍하거나, 안정적 직장이 없으면 실패했다고 표현할 수도 있다.

스스로 설정한 목표를 성취하지 못했을 때 이를 실패로 인식할 수 있다. 창업했다가 여의찮아 폐업한 경우, 원하는 직업을 가지지 못한 경우가 해당한다.

실패를 어떻게 받아들여야 할까. 좌절하기보다 배움과 발전의 기회로 삼는 태도가 중요하다. 실패에서 교훈을 얻고, 재도전해야 한다. 실패를 연구, 학습하고 다른 길을 찾아 도전하면 성공할 수 있다. 또 실패 경험을 공유해서 다른 사람에게 도움을 주면 박수받을 수 있다.

'혁신적 실패'는 조직과 개인의 성장을 이끈다. 가치 있는 실패인 셈이다. 그런 실패는 연구 대상이다. 실패의 원인, 과정, 결과를 분석해서 개인과 조직이 이를 극복하고 성장할 수 있도록 돕는다. 실패학(Failure Studies)이라고 불린다. 성공만큼 실패도 중요한 학습의 기회라는 관점에서 접근한다. 경영학, 심리학, 사회학, 공학 등 다양한 분야에서 실패를 연구하고 있다. 실제 한국과학기술원(KAIST) N5건물 2층에는 〈실패연구소〉가 있다. 말 그대로 실패 사례를 연구한다. 많은 기업과 연구소에서는 실패 사례를 버리지 않는다. 성공 사례만큼이나 중요하게 여긴다. 실패 사례에서 새로운 무엇인가를 찾아내 성공 사례로 만드는 경우가 제법 있다. 포스트잇이 대표적 상품이다. 접착력이 떨어지는, 실패한 접착제 사례를 발전시켜 만들었다고 알려졌다.

| 좌절에서 무엇을 배웠는가 |

스티브 잡스(Steve Jobs 1955~2011)는 월터 아이작슨(Walter Isaacson)이 2011년 펴낸 공식 전기 《스티브 잡스》에서 가장 뼈아픈 실패로 자신이 만든 〈애플〉에서 해고당한 일을 꼽았다. 그는 이를 단순한 경력상 좌절이 아니라, 정체성과 자존감 전체를 뒤흔드는 치명적인 상실로 받아들였다. 역설적으로 그런 과정을 통해 자신을 돌아보고 성공에 대한 부담에서 벗어날 수 있었다. 그 덕분에 잡스는 인생에서 가

장 창의적인 시기 중 하나를 경험했다. 넥스트(NeXT) 픽사(Pixar)를 설립해 재기에 성공했으며 복귀해 〈애플〉의 르네상스를 이끌었다. 그는 해고되지 않았더라면 이런 일들은 일어나지 않았을 것이고, 해고는 필요한 약이었다고 표현했다.

자서전에 좌절과 실패를 기록하는 일은 성장과 변화의 과정을 정리하는 중요한 작업이다. 왜 실패를 써야 할까? 좌절을 기록하는 이유는 단순히 과거를 회상하기 위해서가 아니다. 그 좌절의 순간을 기록함으로써 현재의 자신을 이해하고, 앞으로 나아갈 방향을 찾기 위해서다.

자서전에 실패 이야기를 담으면, 그 순간을 되돌아보며 나의 가치관과 성장 과정을 정리해 볼 수 있다. 실패가 있었기에 지금의 내가 존재한다는 점을 깨닫고 자신을 위로할 수 있다. 같은 길을 걷는 다른 사람에게 도움이 될 수 있다.

자서전에 실패를 남기는 까닭은 아픈 기억을 덧나게 하려는 게 아니다. 그 기억을 의미 있는 성장으로 바꾸려고 쓴다. 그러려면 꾸미지 말고, 있는 그대로 솔직하게 써야 한다. 또 실패 당시의 감정과 변화 과정을 강조하는 게 좋다. 감정과 생각을 충분히 담아야 한다. 실패가 끝이 아니라 성장의 과정이었음을 담는 게 중요하다. 실패했을 때 무엇을 느꼈고, 왜 실패했으며, 그 실패에서 무엇을 배웠고, 나는 어떻게 변화했는지 기록하면 된다.

| ㅁ | ㅎ | ㅇ | ㅆ | ㄴ | ㅈ | ㅅ | ㅈ |

'성취형 인간'
슈워제네거

아놀드 슈워제네거(Arnold Schwarzenegger 1947~)는 인생 4막을 살고 있다. 1947년생임을 생각하면 노년의 놀라운 변신이다. 보디빌더, 영화배우, 정치인에 이어 이번에는 자기 계발 전문가다. 그것마저 성공적이다. 전임 대통령급으로 고액 강연료를 제안받을 정도이다. 물론 과거 이력이 톡톡히 한몫할 터이지만, 그의 삶과 생각을 버무린 이야기들이 상품성을 인정받고 있다. 그가 낸 책《나는 포기를 모른다(Be Useful: Seven Tools for Life)》가 2023년 〈뉴욕타임스〉 베스트셀러 1위에 오르고, 〈아마존〉 올해의 책으로 선정된 게 자기 계발 전문가로서 그의 명성이 어느 정도인지 보여주고 있다.

그는 이 책에서 끊임없는 자기 혁신과 도전으로 성취해 온 삶을 소개하고 있다. 세계 보디빌딩 챔피언, 할리우드 액션 히어로, 캘리포니아 제38대 주지사, 성공한 사업가, 환경운동가, 자선가, 베스트셀러 작가…, 그의 다채로운 인생 여정은 한 인간의 잠재력이 얼마나 무한한지 보여준다.

그는 《나는 포기를 모른다》에서 잠재력을 발견하려는 사람들에게 따뜻한 조언과 격려의 메시지, 실용적 지혜를 전하고 있다. 시련이 있어야 성공도 있고, 고통을 딛고 거둔 성공은 더없이 달콤하다는 이야기를 들려준다. 일례로 그는 최고의 보디빌더가 되겠다는 꿈을 향해 15년간 매일 5시간씩 훈련에 매진했다. 아침과 저녁으로 2시간 30분씩, 전체 루틴을 두 차례나 소화했다. 훈련 파트너도 두 명이 필요했다. 하루에 두 번씩 전력투구할 사람이 없었기 때문이었다. 절정기에는 한 번 운동할 때 들어 올리는 전체 웨이트가 4만 파운드(약 1만 8,100kg)에 달했다. 보통 사람은 들 수 없는 무게다. 그는 오히려 그 고통을 갈망했고, 훈련 시간을 즐겼다. 괴물 같다는 말을 들을 정도였다. 그는 다섯 번의 미스터 유니버스, 일곱 번의 미스터 올림피아 우승을 성취했다. 전무후무한 기록이었다.

그 이력을 안고 연기에 도전했다. 이번에도 고통을 마다하지 않았다. 매일 5시간씩 연기 연습을 하며 전력을 다했다. 촬영 전 긴 대사 장면을 30~40번씩 리허설 하는 것을 당연하게 여겼다. 레슬링과 복싱을 배우는 등 몸을 아끼지 않았다. 그는 1982년 〈코난 더 바바리안(Conan The Barbarian)〉, 1984년 〈터미네이터(The Terminator)〉로 슈퍼스타 반열에 올랐다.

2003년, 정치인으로 변신해 캘리포니아 제38대 주지사에 당선됐다. 정치인으로서도 탁월한 리더십을 보여줬다. 재생에너지와 첨단기술, 환경보호 분야에서 캘리포니아를 세계의 선두주자로 이끈 게 업적 중 하나다.

그게 그의 마지막 성취인 듯했다. 슈워제네거가 전 가정부와 관계를 맺고 혼외자를 둔 게 들통났기 때문이었다. 결국 2011년 5월, 부인 마리아 슈라이버(Maria Shriver)와 이혼했다. 미국 언론에서는 "이제 아놀드는 고향인 오스트리아 시골로 돌아가는 일만 남았다"라고 조롱했다. 각종 활동을 중단하지는 않았지만, 인기는 없었다. 밑바닥까지 추락했다.

그 어둠에서 기어 나오기로 결심한 슈워제네거는 《나는 포기를 모른다》에 소개한 인생 무기 7개로 재무장했다.

△ 비전의 힘을 믿어라.
△ 스스로 정한 경계를 과감히 허물어라.
△ 완벽을 추구하라.
△ 당신의 꿈을 세상에 보여줘라.

△ 인생의 기어를 과감히 바꿔라.

△ 영원한 학생이 되어라.

△ 당신의 쓸모가 세상을 빛나게 하라.

　슈워제네거가 제일 먼저 꼽은 것은 '비전의 힘을 믿어라'이다. 그는 변화는 비전으로부터 비롯된다고 여긴다. 그의 설명에 따르면 비전은 사람들에게 목적과 의미를 부여하는데, 분명한 비전이 있으면 어떤 삶을 살고 싶은지 그려 볼 수 있고, 계획을 세울 수도 있다. 비전과 계획이 없으면 방황한다. 그래서 명료한 비전이 필요하고, 확실한 비전이 있으면 올바른 결정을 할 수 있고 성공에 다가갈 수 있다는 게 슈워제네거의 생각이다.

　마지막 무기인 '쓸모'는 그의 아버지가 한 조언이었다. 슈워제네거는 아버지의 말을 가슴에 품고 도전하는 삶을 살아왔다. 아버지는 "Be Useful! (쓸모 있는 사람이 되어라!)"이라고 아놀드에게 말하곤 했다. 그는 무엇인가 결정할 때 원동력이 된 것은 '쓸모'였다고 썼다. 보디빌딩 챔피언, 백만장자, 정치인이 되는 것, 그 모든 목표를 달성한 동기는 '쓸모 있는 사람'이 되고 싶어서였다.

　한마디로 아놀드 슈워제네거는 비전을 달성하려고 도전하는 '성취형 인간'이었다. 무언가를 성취하기 위해서 어떤 고통도 기꺼이 감수하곤 했다. 인생 후반에 나락어 떨어졌다고 여겼을 때 그는 훌훌 털고 나름

의 비전을 성취하려고, 쓸모 있는 인간이 되려고 애썼고 자기 계발 전문
가로 재기할 수 있었다.

성장 마인드셋

아놀드 슈워제네거가 다시 일어설 수 있었던 것은 '마음가짐'이 남달
랐기 때문이었다. 그는 성장 마인드셋(Growth mindset)의 소유자
로 보인다. 사람들은 고정 마인드셋(Fixed mindset)과 성장 마인드
셋(Growth mindset)을 가지고 있다. 마인드셋(mindset)은 마음가
짐을 말한다. 스탠퍼드대학교(Stanford University) 심리학과 캐럴
드웩(Carol S. Dweck) 교수가 《마인드셋(MINDSET : The New
Psychology of Success)》에서 그렇게 주장했다.

사람들이 고정 마인드셋 상태에 있을 때는 자신의 재능과 능력이 불
변하고 고정된 자질이라고 믿는다. 자질은 한정되어 있고 언제나 그대
로일 것으로 생각한다. 따라서 아무리 노력해도 자질을 바꿀 수 없다고
여긴다. 고정 마인드셋 소유자는 도전과 실패를 두려워한다. 이런 마인
드셋은 사람들의 성공을 제한하는 것으로 나타났다.

반면에 성장 마인드셋을 가졌을 때는 자신의 재능과 능력이 무한히
발전할 수 있다고 믿는다. 부단한 노력, 훌륭한 전략, 그리고 다른 사람

들의 지원과 도움을 받아 누구나 재능을 성장시킬 수 있다고 생각한다. 성장 마인드셋 소유자는 실패에서 회복하는 속도도 빠르다. 회복력과 인내심을 지녔다. 무언가를 성취하려면 갖춰야 할 자질 아닐까.

성장 마인드셋을 가진 사람은 실패해도 좌절하지 않고 다시 일어서는 강인함을 보여준다. 슈우제네거만이 아닌 많은 일반인의 삶도 그러하지 않은가. 우리 주변에서 찾을 수 있지 않은가. 실패를 두려워하지 않고 도전할 수 있는 까닭은 언젠가 맛봤던 성취의 달콤함을 기억하기 때문이다. 몸과 뇌에 새겨진 성취 경험의 DNA가 작동하기 때문이다. 성취 경험은 한 번 각인시켜 놓으면 의도하지 않아도 무의식적으로 활성화되고, 결정적 순간에 성취 경험의 DNA가 작동한다. 집중력을 최고조로 끌어 올려서 무엇인가 성취했을 때 느꼈던 기쁨을 몸은 기억한다. 그 기쁨은 자신감으로 바뀌어 간직되며 좌절하거나 어려움에 빠졌을 때도 뿜어져 나온다. 성취 경험은 회복력, 복원력도 키워준다. 그렇다고 대단한 목표를 이룬 경험을 말하는 것은 아니다. 남 보기에 작고 보잘것없는 성취도 당사자에게는 큰 의미가 있을 수 있고 그 경험은 결정적 순간에 제대로 기능한다.

꼭 큰 성취가 아니더라도 무언가 이뤘던 경험을 누구나 가슴에 하나쯤 품고 있을 터다. 어릴 적에 태권도장에서 승급심사를 통과했던 기억, 미술 시간에 그린 그림을 칭찬받았던 경험, 글짓기 시간에 앞에 나가 '나의 작품'을 읽었던 때….

성취의 공식적 증표라고 할 수 있는 상장을 받았던 적은 없는가. 어떤 성격의 상장이라도 자신감을 북돋워 준다. 합격해 본 기억은 없는가. 입학시험, 입사시험을 통과했던 그 날 그 순간의 기쁨은 아마도 오랫동안, 아니 영원히 가슴과 머리에 저장돼 있을 것이다. 각종 자격증 시험에 합격했을 때의 안도감과 앞날에 대한 기대 역시 기억에 뚜렷이 남아 있을 것이다.

해외여행 가서 실수를 거듭하다가 혼자서 문제를 해결하기도 했을 것이다. 두어 번 그런 경험을 하면 이젠 지구상 어디든 갈 수 있다는 자신감이 생길 것이다. 거실 조명을 형광등에서 LED로 직접 교체하고, 문에 붙은 고무 패킹을 교체하고, 바닥재를 바꿔 깔고…, 별거 아닌 듯한 그런 일을 하고선 자신감이 급상승해 집도 직접 지을 수 있을 것 같은 느낌이 든 적은 없는가.

커리어 상의 큰 성취는 말할 것도 없이 자신감의 원천이지만, 작은 문제를 해결했던 기억의 힘도 만만찮다. 기록할 만하다.

| 도전과 시련, 갈등을 드라마틱하게 엮어라 |

성취를 어떻게 자서전에 남기면 좋을까.

152 · 마흔에 쓰는 자서전

먼저 어떤 성취를 남길 것인지 결정해야 한다. 성취의 성격을 대략 4가지 정도로 나눌 수 있다. 승진, 성공적 창업, 성과를 낸 프로젝트 등 직업적 성취와 자기 계발, 지식이나 기술 습득, 자기 자신과의 싸움에서 이긴 경험 등 개인적 성장을 꼽을 수 있다. 또 가족 관계 개선, 의미 있는 관계 형성 등 인간관계의 성취와 지역사회 봉사, 기부, 사회적 가치 실현 등 사회적 성취도 기록할 가치가 있다.

이런 성취 뒷이야기를 중심으로 짜임새 있게 쓰면 재미난 글이 된다. 승진이나 성공적으로 창업했다는 그 사실만 다루기보다는 그것을 이루는 과정에서 겪었던 시련, 도전, 내적 갈등 등을 드라마틱하게 엮어 주어야 한다.

가치를 부여하고, 어떤 교훈을 얻었는지도 다루어야 한다. 성취가 내 인생에서 의미하는 바는 무엇인가? 성취 과정에서 얼마나 발전했는가? 성취하려고 얼마나 참고 무엇을 희생했는가? 이런 질문에 답하는 글을 포함해야 한다.

무엇보다 자신의 목소리를 솔직하게 담는 게 가장 중요하다. 아름답게 포장하거나 과장하지 말아야 한다. 겸손한 톤으로 부족함이나 실수, 한계마저 인정하는 글을 써야 한다.

푸르던 날 · 153

ㅁ ㅎ ㅇ ㅆ ㄴ ㅈ ㅅ ㅈ

허핑턴이 제시한
'제3의 성공'

맨손으로 시작해 뭔가를 이루면 그 기쁨은 더 크다. 박성
현 작가(1976~)는 1999년 첫 직장에 출퇴근할 무렵 서
울 방배동의 한 만화방 안 보일러실을 막아 개조한 1평도
채 되지 않는 월세방에서 지냈다. 20년 후 2019년 근로소득만을 밑천으
로 부동산, 달러, 주식에 투자해 50억 원의 자산가로 거듭났다. 그로부
터 5년 뒤 그는 100억 자산가가 됐으며 글도 쓰고 투자도 하면서 산다.

앞부분은 2019년 10월 발간한 《아빠의 첫 돈 공부》, 뒷부분은 2024년
9월 나온 《매직 스플릿》에 실린 박성현 작가 소개 내용 중 한 토막씩이다.
CJ와 KT 등 대기업에서 18년간 근무했으며 각고의 노력 끝에 경제적 자유
를 얻었다. 그는 《아빠의 첫 돈 공부》에서 자신의 일상을 이렇게 표현했다.

154 · 마흔에 쓰는 자서전

"한가로운 평일 오후 2시, 베란다 창 가득 시원하게 한강이 펼쳐진 아파트에서 … 아이들을 벤츠에 태우고 … 나는, 얼마 전까지만 해도 노예였다."

성공한 파이어(FIRE)족의 일상을 보여주는 표현이다. 파이어 운동은 '경제적 자립(Financial Independence)'을 바탕으로 자발적 '조기 은퇴(Retire Early)'를 바라는 사람이나 운동을 뜻한다. 빠르면 20대, 늦어도 40대 초반 은퇴가 목표다. 이때까지 경제적 자유를 얻어 은행 빚이나 직장 생활에 따르는 스트레스에서 벗어난 삶을 추구한다.

이런 움직임은 1990년대 미국에서 처음 등장했다. 2008년 글로벌 금융위기 때 밀레니얼세대를 중심으로 전 세계에 퍼졌다. 파이어 운동의 기본 지침은 '짧게 벌고 적게 쓰기'다. 소득의 절반 이상을 저축 또는 투자하는 사람도 있다. 풍요로운 은퇴 생활을 꿈꾸지는 않는다. 먹고살려고 일하지 않아도 되는 시간에 더 가치 있고 나은 삶을 위한 활동을 하는 게 그들의 꿈이다.

2020년 5월 국내에 소개된 《파이낸셜 프리덤(Financial Freedom: A Proven Path to All the Money You Will Ever Need)》의 저자 그랜트 사바티어(Grant Sabatier)는 미국판 파이어족이다. 그는 스물

네 살이던 2010년 계좌잔고가 2달러 26센트밖에 안 됐는데, 파이어의 꿈을 안고 뛰기 시작해 불과 5년 만에 125만 달러가 넘는 순자산을 보유하게 됐다. 서른 살에는 완벽하게 재정적으로 독립했다. 《파이낸셜 프리덤》은 그가 어떻게 그렇게 짧은 시간에 경제적 자유를 획득할 수 있었는지 알려주는 책이다. 그는 젊을 때 투자한 돈은 복리의 마법을 통해 저절로 늘어나서, 해가 갈수록 더 부유해진다고 말한다. 그랜트는 돈보다 시간을 더 중요하게 생각한다. 사랑과 배움, 보살핌, 쉼을 위한 시간, 그리고 다른 사람을 위해 일할 시간을 확보하는 것을 귀하게 여긴다.

파이어족은 요즘 젊은이 사이에 성공한 사람들로 꼽힌다. 모든 젊은이의 꿈이기도 하다. 경제적 풍요를 누리며 하고 싶은 걸 하고 사는 삶. 누가 싫다고 할까. 파이어족이 되려고 돈에 너무 얽매여 사는 모습이 눈살을 찌푸리게 할 때도 있다. 돈이 인생의 전부냐, 돈이 인생의 성공 잣대인가라는 비판적 시각도 존재한다.

〈허핑턴포스트(The Huffington Post)〉 설립자 아리아나 허핑턴(Arianna Huffington, 1950~)도 권력과 돈을 성공의 척도로 삼는 세상에 경종을 울렸다. 2005년 창간된 온라인 매체 〈허핑턴포스트〉는 당시 세계에서 가장 빠른 속도로 성장하고 있었다. 〈뉴욕타임스〉, 〈월스트리트저널〉, 〈워싱턴포스트(Washington Post)〉 등 유명 미국 신문들보다 〈허핑턴포스트〉 방문자가 많았다. 전 세계로 뻗어나가고 있었고 시사주간지 〈타임(Time)〉은 2006, 2011년 아리아나 허핑턴을 세계에서 가장 영향력 있는 100명 중 한 명으로 꼽았다. 그녀는 그런 미디어 기업의 창업자로, 세계의 여론을 움직이는 가장 영향력 있는 저널리스트로 찬사를 받았다. 눈부시게 성공한 여성이었다. 돈과 파워가 따랐다.

'잘나가던' 그녀는 어느 날 문득 삶에 회의를 느꼈다. 2007년 4월 6일, 실신한 게 계기였다. 그날 허핑턴은 홈오피스 바닥에 피를 흥건히 흘린 채 쓰러졌다. 책상 모서리에 부딪혀 눈가가 찢어졌으며, 광대뼈가 부러졌다. 과로와 수면 부족이 원인이었다. 여러 가지 검사를 했지만, 다행히 건강에 특별한 문제는 발견되지 않았다. 병원에서 자신이 어떤 삶을 살고 있는지에 대해 많이 생각했다.

'이런 삶이 정말 성공이란 것일까?' '내가 원하는 삶이 정말 이런 것일까?' 그동안 하루도 쉬지 않고, 매일 18시간씩 일하며 사업을 키우려고 애썼다. 삶은 엉망진창이 되었다. 전통적 기준에서 보면, 즉 돈과 권력이란 측면에서 분명히 성공했다. 들여다보면 사는 게 아니었다. 쫓기고 있을 뿐이었다.

허핑턴은 이후 돈과 권력이라는 두 가지 기준을 넘어섰고, 성공을 재정의했다. 그녀는 관찰 결과 진정으로 삶을 즐기며 나날이 번창하는 사람들은 웰빙과 지혜, 경이로움과 베풂의 여유를 지녔다는 사실을 발견했다. 그 4가지를 성공의 기준으로 삼아야 한다고 판단했다. 그녀는 그런 생각을 담아 《제3의 성공(Thrive)》을 펴냈다.

푸르던 날 · 157

'비교의 굴레' 벗어난 삶 원해

허핑턴만큼이나 한국의 마흔 살도 성공은 더 이상 단순한 돈, 명예, 지위만을 의미하지 않는다고 생각한다. 경제적 안정과 사회적 성취를 중시하지만, 내면적 성공을 점점 중요하게 여긴다. 나의 삶이 만족스러운가, 가족과 함께 행복한가, 나 자신을 온전히 인정할 수 있는가와 같은 점을 더 존중한다.

또 비교당하는 성공을 거부한다. 남들이 보기에 성공하기보다는 자신이 만족하는 성공을 하고 싶어 한다. 과거에는 '좋은 대학, 좋은 직장, 높은 연봉'을 성공으로 받아들였다. 지금은 '내가 원하는 삶을 사는 것'을 성공으로 평가하는 분위기다.

과거 기준으로 보면 억대 연봉을 받고, 대기업 임원이 되거나, 아파트 평수가 넓으면 성공한 것으로 여겼다. 지금은 좋아하는 일을 하면서도 경제적으로 부족하지 않고, 가족과 함께하는 시간이 충분하며, 삶에서 후회가 적다면 성공한 삶으로 받아들여진다.

한국 사회는 여전히 경쟁이 치열하지만, 마흔이 되면 점차 '비교의 굴레'에서 벗어나려 한다. 남과 비교하기보다는 나만의 속도와 방향을 중시한다. 자신만의 방식으로 성취감을 느끼려는 사람이 늘어나고 있다. 또 좋은 인간관계를 맺고, 일과 삶의 균형을 유지하고, 의미 있는 일을 지속하는 삶을 성공이라고 여긴다. 한마디로 '나답게, 후회 없이, 의미 있게 사는 것'을 성공한 인생이라고 생각한다.

성공적인 삶은 시대와 문화, 개인의 가치관에 따라 다르게 정의된다. 과거에는 부, 권력, 명성이 성공의 척도였다. 지금은 자기실현, 워라밸(Work-Life Balance), 의미 있는 삶이 더 중요한 요소로 꼽힌다. 특히 MZ세대는 자율성, 경험, 워라밸, 사회적 기여를 더욱 중시하는 경향이 있다.

| '나의 성공'은 무엇인가 |

자서전에 성공을 쓸 때 성공에 대한 정의와 기준 설정부터 해야 한다. 사람마다 성공의 성격은 다를 수밖에 없다. 사회적 인정, 개인적 성취, 경제적 안정…, 어떤 부분을 중요하게 생각하는지 밝혀야 한다.

성공 과정은 스토리텔링 방식으로 풀어가야 한다. 역경을 극복하기 위한 시도들, 성공을 향해 달려가던 순간의 긴장과 고민, 목표를 달성했던 결정적 순간과 감정의 변화 등을 설명하면 생동감이 있다. 성공 이야기에서 빛을 발하는 것은 역경과 시련, 실패 경험이다. 그 순간순간들을 생생하게 그려주면 흥미롭다. 뒷날 어려울 때 자극받고 참고할 수도 있다.

성공 이후 삶에 어떤 실질적 변화가 있었는지 자세히 써야 한다. 단순히 숫자나 결과물만 나열하기보다는 내적 성장을 중심으로 표현하는 게 낫다. 또 성공 과정에서 겪은 경험을 통해 익히고 배운 깨달음을 기록함으로써 누군가에게 도움을 줄 수 있다.

성공 스토리는 쓰다 보면 자칫 자랑으로 흐를 수 있다. 과시하기보다 겸손하고 진솔한 태도로 써야 한다.

성공과 실패 기록법

자서전에 성공과 실패를 기록하는 법은 단순한 사실 나열을 넘어, 자기 성찰과 삶의 의미를 드러내는 방식이어야 한다. 성공과 실패를 효과적으로 기록하는 팁을 5가지씩 정리했다.

◇성공을 기록하는 5가지 팁

1. 결과보다 과정에 집중해야 한다.

   단순히 '이뤘다'가 아니라, 어떻게 이뤘는지를 상세히 설명해야 한다.

2. 구체적인 수치나 성과를 밝혀야 한다.

   다른 사람이 실감할 수 있는 예를 들어야 한다.

3. 외부 환경과 시대적 맥락을 설명해야 한다.

시대적 배경, 산업의 흐름 속에서 성취를 설명하면 더 큰 감동을 준다.

4. 성공이 나를 어떻게 바꾸었는지 성찰해야 한다.

성공은 종점이 아니라 새로운 출발의 각오를 다지고 행동했음을

보여주어야 한다.

5. 타인의 기여를 반드시 언급해야 한다.

성공의 순간에 가족 등 함께한 사람들을 기록하면 인간적 울림이 더 크다.

◇실패를 기록하는 5가지 팁

1. 실패를 숨기지 말고 진솔하게 적어야 한다.

다른 사람들은 당신의 진짜 이야기를 읽어보고 싶어한다.

2. 실패의 원인을 자기 성찰적으로 분석해야 한다.

남 탓이 아니라 내 선택, 판단, 행동에 집중해야 한다.

3. 감정의 디테일을 담아야 공감한다.

실망, 좌절, 분노, 자책 등 그때의 감정 곡선을 담아야 한다.

4. 실패 이후의 회복 과정에 무게를 두어야 한다.

어떻게 다시 일어났는지를 쓰는 것이 핵심이다.

5. 실패가 준 교훈이나 전환점을 분명히 밝혀야 한다.

실패가 끝이 아니라 인생의 방향을 바꾸는 전환점이었음을

보여주어야 한다.

푸르던 날 · 161

III
따로, 같이할 때

디지털 러브 시작되다 ···165

당신과 결혼하지 않았더라면 ························172

크리스티, 너무 기뻐서 화장실로 도망가다 ··········· 180

화려한 싱글? 마케팅이 만든 말 ·························· 187

빌 게이츠의 후회와 망각 ······························· 194

하루키의 소환행은 속옷 모으기 ····················· 201

클랩튼, 아들 잃고 〈Tears In Heaven〉 만들어 ··· 210

ㅁ ㅎ ㅇ ㅆ ㄴ ㅈ ㅅ ㅈ

디지털 러브
시작되다

누구나 경험했을 것이다. 말로 설명할 수 없고, 어떤 말로도 대신할 수 없는 감정 말이다. 그걸 느끼고 누군가를 탐색하지 않았던가. 아무런 검증과정을 거치지 않고도 영혼의 짝이라고 확신했던 적이 있지 않은가. 오로지 직관, 느낌만으로. 사랑!

알랭 드 보통(Alain de Botton 1969~)은《낭만적 연애와 그 후의 일상(The Course of Love)》에서 러브스토리는 서로 항상 보는 것에 이의를 제기하지 않을 때, 또 평생 서로의 포로가 되겠다는 엄숙한 서약을 나눌 때 시작된다고 썼다.

따로, 같이할 때 · 165

마흔, 이제는 가물가물하겠지만, 혹시 사랑이 언제 어떻게 시작됐는지, 기억하는가. 누군가 옆자리를 차지하고 있는 게 낯설지 않게 됐을 때, 오히려 편안해졌을 때는 언제였는가. 왜 스스로 포로 선언을 했는지 기억하는가.

마흔의 러브스토리에서 뺄 수 없는 한 가지는 디지털이다. 마흔의 사랑은 디지털이 한몫했다. '디지털 러브'의 시작이라고 할 수도 있다. 디지털 통신 수단의 발전을 따라가면 러브스토리를 한층 흥미롭고 충실하게 복원할 수 있다.

'삐삐'로 불린 무선호출기는 첫 개인 통신 수단이었다. 1994년 '015 삐삐' 서비스가 시작되며 본격적으로 대중화됐다. 1997년에는 가입자 수가 1,400만 명을 돌파했다. 그 무렵 10대 후반~20대 초반 사이에선 삐삐가 필수 아이템이었다. 젊은 층은 '1215'(열두 시 십오 분에 전화해)와 같이 암호화한 숫자를 주고받으며 사랑을 키웠다. 공중전화 앞에는 '음성사서함'을 확인하려는 젊은이들이 줄을 섰다. 아마도 공중전화 앞에서 통화가 길어지는 앞 사람이 얄미웠던 적이 있었을 것이다.

1998년 이후 PCS(011, 016, 017, 018, 019) 서비스가 보급되면서 삐삐는 쇠퇴하고 휴대전화 이용자가 급격히 증가했다. 한글 40자로 제한된 단문 문자메시지로 연락을 주고받았다. "잘 잤어?" "**에서 만나자!" …. 문자메시지는 커플들 사이에서 중요한 소통 수단이었다. 유료여서 아껴 써야 했다. 또 감미로운 벨소리 설정이 유행했다. 2000년 PCS 휴대전화 가입자 수가 삐삐 가입자 수를 초월했다.

2004년 3G 서비스가 시작되며 영상통화를 할 수 있게 됐다. 초기엔 영상통화 품질이 좋지 않았다. 2007년 스마트폰 초기 모델에서 화상 채팅이 가능해지며 점차 대중화됐다. 이 시기 연인들의 중요한 소통 매체 중 하나는 〈싸이월드〉 미니홈피였다. 많은 젊은이가 방명록에 "다녀가요~♡" 등의 글을 남기며 연애 감정을 표현했다. 연인들은 '커플 다이어리'를 만들고 '도토리'로 스킨을 구매하기도 했다. '파도타기'를 기억하는가. 좋아하는 사람 미니홈피를 염탐하기도 했고, BGM으로 간접적으로 애정을 드러내기도 했다.

요즘 젊은이들은 페이스북, 카카오톡, 인스타그램 등 온갖 디지털 소통 공간에서 사랑을 나눈다. 실시간으로 "잘 자~" "사랑해"라고 문자와 이모티콘을 주고받으며 애정을 표현한다. 이모티콘 선물을 주고받고 프로필에 커플 사진 올리며, 또 데이트 모습을 공유하며 사랑을 확인한다. 말 그대로 디지털 러브 시대다.

2020년 코로나의 만연으로 비대면 데이트가 많아졌다. 줌 등으로 영상통화가 늘어났으며, 〈제페토〉 같은 메타버스에서 아바타로 만나는 가상 데이트를 즐기는 이들도 있다. 연인과 함께 〈넷플릭스 파티(Netflix Party)〉로 영화를 보기도 한다. AI 챗봇과 핑크빛 대화를

따로, 같이할 때 · 167

나누는 사람도 있다.

추억의 오프라인 데이트 코스는

2000년대 후반~2010년대 초반 20대 후반 서울의 연인들이었다면 누구나 경험했을 데이트 코스는 어디였을까. 대표적 데이트 코스는 삼청동을 꼽을 수 있다. 연인들은 삼청동 한옥 카페에서 만나 브런치를 먹으며 데이트를 시작했다.

브런치 메뉴는 프렌치토스트, 팬케이크, 샌드위치 등이 인기였다. 삼청동은 감성적 데이트 장소였다. 한적한 골목길을 걸으며 사랑을 키우기 좋았다. 한옥을 개조한 카페들도 많았다.

삼청동에 이어 연인들이 많이 찾아간 곳은 대학로였다. 연극과 공연을 보며 사랑을 속삭일 수 있어서였다.

그 무렵에는 〈옥탑방 고양이〉〈쉬어매드니스〉〈뉴보잉보잉〉 같은 연극이 연인들에게 큰 인기를 끌었다. 연극 관람 후에는 이화동 벽화마을을 거닐며 사진을 찍었다.

명동, 홍대 앞과 같은 곳에서 길거리 음식을 먹으며 느긋하게 아이쇼핑하고, 사람 구경하기도 했다. 주로 호떡, 어묵, 붕어빵이 군것질거리였다. 영화를 보기도 했는데. 〈아바타〉〈인셉션〉〈건축학개론〉이 인기였다.

'100일 기념 선물'로 직접 만든 포토앨범, 캘리그라피 편지나 향수, 커플링을 주고받기도 했다.

오프라인 데이트를 할 때 즐겨 입었던 옷과 스타일을 기억하는가.

남자는 스키니진이나 스트레이트 핏 청바지에 흰색 운동화, 머리는 댄디컷이나 투블럭으로 자연스러운 스타일을 많이 했다. 맨투맨 티셔츠나 체크 셔츠 위에 후드집업을 즐겨 입었다.

여자는 플레어스커트나 스키니진에 발목 양말과 플랫슈즈를 신었다. 레이어드 룩이나 니트 조끼, 카디건이 유행이었다. 머리는 자연스러운 웨이브펌이나 일자 단발이 많았다. 커플룩으로 스트라이프 티셔츠나 체크무늬 셔츠를 맞춰 입고 데이트하기도 했다.

닭살 돋을 만큼 생생하게

이런 이야기를 들으면 그 시절 추억이 기억이 샘솟지 않는가. 그걸 자서전에 담으면 된다. 젊은 시절의 사랑 이야기를 자서전에 담을 때는 개인의 경험과 감정을 훗날 읽으면 닭살 돋을 정도로 생생하게 쓰는 것이 중요하다.

사랑 이야기의 핵심은 첫 만남과 설렘이다. 상대방을 처음 봤을 때 느

따로, 같이할 때 · 169

낌, 어떤 환경에서 만났는지, 그 순간의 감정을 상세히 기록해야 한다. 또 손이 떨렸는지, 심장이 얼마나 두근거렸는지 등도 기억을 되살려 써야 한다.

또 연애 초반의 어색함이 어떤 일을 계기로 편안한 관계로 바뀌었는지, 같이 여행 간 이야기, 편지와 선물을 주고받은 이야기, 가치관의 차이를 어떻게 극복했는지 등도 사랑 이야기의 핵심 요소들이다.

헤어졌다면 이별의 원인이 무엇인지, 그 상황과 성격 차이 또는 환경 변화 등을 꼼꼼히 다뤄야 한다. 이별했지만 무엇을 배웠고, 이후의 삶에 어떻게 영향을 미쳤는지 등을 새겨보는 것도 의미 있는 일이다.

글은 만남에서 이별까지를 시간 순서대로 쓸 수도 있고, 특정 장면들을 중심으로 풀어갈 수도 있다. 당시 감정을 살려 순간순간을 영화처럼 생생히 그리는 게 좋다. 또 특정 사건을 회상하며 교훈과 감정을 강조하는 글쓰기를 할 수도 있다. 만남을 통해 깨달은 점을 중심으로 쓰면 된다.

시각, 청각, 촉각, 후각, 미각 등 감각적 묘사를 활용하는 것도 방법이다. 당시 시대적 분위기를 섞으면 글이 더 풍성해진다. 2000년대 초반이라면 〈싸이월드〉, MP3, 영화 〈클래식〉〈늑대의 유혹〉 같은 문화적 요소와 데이트를 연관 지을 수도 있다.

자서전에서 젊은 시절의 사랑 이야기를 쓸 때 진솔함과 감정의 깊이를 살리고, 시대적 배경과 현실적 감정을 반영하면 더욱 의미 있는 글이 된다.

어떤 형식으로 쓰든 '진짜 나만의 사랑 이야기'를 담는 것이 가장 중요하다.

ㅁ ㅎ ㅇ ㅆ ㄴ ㅈ ㅅ ㅈ

당신과 결혼하지
않았더라면…

40 사회복지사 권지명 씨는 장애인재단 사업설명회장에서
마지막 질문자의 목소리가 맑고 또랑또랑해서 솔깃했다.
그 남자는 전동 휠체어를 타고 있었다. 깔끔한 정장 차림
에 짧은 머리를 멋스럽게 올려세운 멋쟁이였다. 그와의 첫 만남이었다.

이틀 후, 일본 근육 장애인 초청 간담회에서 다시 마주쳤다. 지난번
설명회에서 봤다며 다짜고짜 명함을 달라고 하고선 나이도 물었다. 네
살이나 어렸다. 강원도 인제에 산다고 했다.

간담회 내내 모든 신경이 그에게 쏠렸다. 행사 마지막 순서로 단체 사
진을 찍을 때, 슬쩍 그의 뒤에 가서 섰다. 왠지 모를 설렘이 가슴을 가
득 채웠다. 그는 사진을 받고 싶다며 네이트 이메일 주소를 알려줬다.

172 · 마흔에 쓰는 자서전

그의 〈싸이월드〉미니홈피를 둘러봤다. 얼마 전 수해로 어머니를 여의었다는 사실을 알게 됐다. 위로의 댓글을 남겼다. 그리고 매일매일 전화 통화와 화상 채팅을 이어갔다.

권지명 씨가 쓴 자전적 에세이 《당신을 만나지 않았더라면》에 나오는 남편을 만나 사랑을 키워가던 시절의 이야기다. 두 사람은 만난 지 두 달이 채 안 돼 결혼을 약속했다. 장애인과 결혼하는 대단한 여성이 되고 싶은 건 아닌지, 불쌍한 장애인을 구제해 준다는 마음은 아닌지 잘 생각해 보라는 주변의 충고를 곱씹은 뒤 마음을 정했다.

2007년 가을 결혼식을 올렸다. 식장은 아버지가 운영하던 대전 〈평화의마을〉 마당이었다. '세상에서 아주 특별한 결혼식'이라는 현수막이 걸렸을 뿐, 인위적으로 꾸미지 않았다. 노란 은행나무, 빨간 단풍나무, 청명한 가을 날씨가 최고의 장식이었다. 친지만 초대한, 작지만 특별한 결혼식이었다. 신혼여행은 친구의 초대를 받아 캐나다 밴쿠버로 9박 10일간 다녀왔다.

임신과 출산의 과정은 힘들면서도 감격의 연속이었다. 엄마가 되어 행복하고 자랑스러웠다. 그때는 몰랐다. 다가올 삶의 굴곡들에 대해서 깊이 생각해 보지 않았다. 현실은 버거웠다. 남편은 수입이 없었다. 아이들이 자라며 돈 나갈 일은 많았다. 혼자 벌며 감당하기 어려운 상황이었다. 생활고가 남편 탓으로 여겨지기 시작했다. 원망이 이어지며 마침내 그와 결혼한 것까지도 후회했다. 속았다는 생각마저 들었다. 그에게 반하게 했던 그 목소리도 싫고, 한 공간에서 숨 쉬고 있는 것도 싫고, 그의 모든 것이 꼴도 보기 싫었다.

"내가 너를 만나지 않았더라면, 이렇게 고생하며 살지 않았을 텐데, 혼자서 자유롭게 살고 있었을 텐데…."

결혼한 것이 후회스러웠다. 더 이상 결혼 생활을 유지하고 싶지 않았다. 그때부터 마음은 이혼을 향해 달려갔다. 불혹의 나이, 두 아이의 엄마. 한심해진 외모, 궁핍한 살림. 더 이상 잃을 것도 없었지만, 더 이상 잃고 싶지 않았다. 그만 없어지면 될 것 같았다. 그럼 어떻게든 살아갈 수 있으리라.

이혼을 앞두고 서울대 '가족세우기' 워크숍에 참가하는 등 문제 해결을 위해 막바지 노력을 했다. 그러다 어느 날 깨달았다. 장애가 있는 사람과 결혼했다는 이유로 주변의 찬사와 격려를 받다 보니 스스로 착각에 빠져 정말 착한 여자인 듯 꾸미며 살았다는 사실을 알게 됐다. 낯 뜨거웠다. 남편에게 용서를 빌었다. 남편이 너무도 큰 존재로 다가왔다. 남편이 대단하고 존경스럽고 고마웠다.

권지명 씨는 《당신을 만나지 않았더라면》 끄트머리에 이렇게 썼다.

"7년 전 나는 남편을 원망하며 부르짖었다. '당신을 만나지 않았더라면…' 그때 그 말은 후회의 말이었다. … 나는 다시 고백한다. 남편을 만나지 않았더라면, 나는 이보다 더 가슴 벅찬 사랑의 감정을 느껴 보지 못했을 것이다. 생명의 끈으로 연결된 소중한 우리 아이들을 얻지 못했을 것이다. 인생의 참맛을 지금껏 깨닫지 못하고 있을 것이다."

'당신을 만나지 않았더라면…' 기혼자라면 한 번쯤 그런 가정을 해보지 않았을까. 불만족스럽고, 못마땅한 부분이 있어도 그걸 극복하면 사랑이 더 단단해진다고 하지 않는가. 권지명 씨도 그런 경우다.

| '스드메 패키지' 했나요? |

혹시 몇 살에 결혼했나요? 첫 만남이나 결혼식, 기억하나요?

한국 남녀의 초혼 연령은 점점 높아지는 추세다. 통계청 국가통계포털 데이터에 따르면 우리나라 남녀 평균 초혼 연령은 1990년 남편 27.79세, 아내가 24.78세였다. 2010년에는 각각 31.84세, 28.91세였다. 2016년에는 남편 32.79세, 아내 30.11세였고, 2023년에는 각각 33.97세와 31.45세로 높아졌다.

신랑 신부가 만난 경로는 미팅, 친구나 직장동료가 주선한 소개팅,

맞선 등이었다. 또 인터넷 채팅 또는 결혼정보회사를 통해 배우자를 찾기도 했다.

결혼식 문화와 관련해서는 2000년대 중반 이후 '스드메(스튜디오 촬영, 드레스, 메이크업) 패키지'가 유행했다. 예전에는 따로따로 계약하고 준비했던 사진 촬영, 웨딩드레스, 메이크업을 한 번에 해결하는 패키지가 대세였다.

웨딩사진 콘셉트는 순백의 신부, 야외 스냅 촬영, 세미 누드 등이 인기 있었고, 남녀가 함께 자연스럽게 찍는 러블리 콘셉트도 인기였다. 서울 신부들은 청담동 숍에서 메이크업을 받는 게 유행이었다. '김태희 메이크업' '손예진 웨딩드레스'를 따라 하는 등 스타들의 웨딩 스타일은 결혼 문화에 큰 영향을 미쳤다.

결혼식은 웨딩홀에서 많이 했다. 호텔에서 하기도 했다. 호텔 결혼식은 비싸 부담스러웠지만, 여유 있는 계층에선 비용을 감내했다. 주로 연예인이 호텔 결혼식을 하면서 프라이빗 웨딩 트렌드가 생겨났다. 교회나 성당, 야외카페 등에서 하기도 했다. 취향과 형편에 맞춰 다양한 곳에서 결혼식이 이뤄졌다. 의미 있고 기억에 남는 작은 결혼식(스몰웨딩)을 추구하는 젊은이도 많았다.

폐백은 과거 결혼식에서는 필수 과정이었지만, 생략하는 커플도 많았다. 결혼식은 간소화되는 추세였다. 예물은 하지 않거나 실용적인 선택을 했고, 예단도 하지 않거나 상품권으로 대체하기도 했다.

신혼여행은 몰디브, 하와이, 유럽이 인기였다. 럭셔리 신혼여행 상품이 등장하기도 했다. 몰디브의 수상 방갈로에서 바닷속을 보며 신혼을 즐기는 커플도 많이 있었다. 하와이에서 비치 웨딩 촬영을 하는 것도 인기였다.

2009년, 5만 원권 지폐가 등장하며 결혼식 축의금 문화도 바뀌었다. 1만 원권이나 10만 원권 수표 대신에 5만 원권으로 축의금을 냈다. 축의금은 평균 5만~10만 원 수준이었고, 가깝거나 특별한 인연이 있으면 10만~20만 원, 또는 그 이상도 냈다. 온라인으로 축의금을 보내기도 했다.

| 이벤트를 엮어 스토리를 만들어라 |

일생일대의 결혼 이야기를 자서전에 담을 때 단순히 이벤트만 늘어놓으면 재미가 없다. 결혼 당시 감정과 생각과 마음가짐의 변화, 그리고 삶의 궤적 속에서 결혼이 어떤 의미를 지니는지 깊이 탐구하는 게 중요하다.

먼저 주제와 메시지를 정해야 한다. 결혼이 인생에 미친 영향, 성장의 원동력, 혹은 예상치 못한 도전과 기쁨 등을 중심으로 메시지를 정하면 된다. 결혼 전후의 생각과 가치관 변화, 함께 극복한 어려움, 갈등과 그 과정에서 배운 점, 결혼 생활 속에서 발견한 작은 행복과 서로에게 주는 힘 등을 다루어야 한다.

무엇을 다룰지 결정했다면 스토리를 구성해야 한다. 결혼을 결심하게 된 순간이나, 서로 처음 만난 이야기부터 시작해서 결혼 준비 과정, 가족과 친구들의 반응, 결혼식을 통해 변화된 내면의 감정을 자세히 쓰면 된다.

결혼하기까지 겪은 일상의 소소한 에피소드, 함께 보낸 특별한 순간들을 통해 얻은 깨달음을 덧붙이면 이야기가 한결 풍부해진다.

감정이나 내면의 변화에 집중해서 쓸 수도 있다. 결혼식을 하면서 경험한 기쁨, 슬픔, 갈등, 화해 등 다양한 감정과 결혼이 자신에게 어떤 영향을 주었는지, 어떤 가치관이나 인생관의 변화가 있었는지 솔직하게 기록해 두면 훗날 자신이 얼마나 성장했는지 확인할 수 있는 중요한 자료가 된다.

에피소드를 중심으로, 이를테면 서로에게 큰 힘이 되어준 사건, 함께 이겨낸 위기 등 특별한 사건이나 전환점을 중심으로 이야기를 구성할 수도 있다.

또 중요한 순간에 주고받은 대화, 예를 들어 결혼 전날 밤 대화, 혹은 결혼식 리허설 중 대화를 꼼꼼히 메모해 두면 훗날 당시 느낌을 되살리기 좋다.

무엇보다 자신만의 목소리와 말투로 솔직하게 쓰는 게 중요하다. 너무 문학적으로 또는 멋있게 꾸미려 하면, 어색한 글이 될 수도 있다. 실제 대화하듯 자연스럽게, 무엇보다 있는 그대로 쓰려고 노력하면 의미 있는 글을 남길 수 있다.

□ ㅎ ㅇ ㅆ ㄴ ㅈ ㅅ ㅈ

크리스티, 너무 기뻐서
화장실로 도망가다

40 '추리 소설의 여왕' 애거서 크리스티(Agatha Christie 1890~1976)는 예순이었던 1950년 4월 자서전을 쓰기 시작했다. 15년 뒤, 그녀는 "이만 자서전을 끝맺어야 할 듯싶다. 삶에 관한 한 말해야 할 것은 모두 말했으니…"라며 마무리 지었다. 그녀의 나이 일흔다섯 살 때였다. 그리고 십일 년이 지난 1976년 그녀가 세상을 떠났다. 《애거서 크리스티 자서전(Agatha Christie: An Autobiography)》은 그 이듬해 출판됐다.

이 자서전은 시간 흐름 순으로 쓰려고 노력했으나, 얽매이지는 않았다. 마음 가는 대로 이야기가 흘러갔다. 가정부의 기묘한 버릇이나 노년의 기쁨을 말하다가 어린 시절을 이야기하고, 또 느닷없이 손자 이야기로 건너뛰기도 한다. 모든 이야기를 다 담겠다는 강박관념에 시달리지도 않았다.

소설가 장강명은 "저자가 위대한 소설가임을 잊고 읽어라"라고 조언한다. 세상과 겪은 불화, 내면의 갈등, 창작의 고통은 나오지 않는다. 103개가 넘는 언어로 번역돼 40억 부가 넘게 팔린 베스트셀러에 대한 뒷이야기나 배경 설명은 제대로 다뤄지지 않아 팬들은 아쉬워한다. 모험과 유머가 가득한 삶을 아주 재미있게, 또 주체적으로 산 여인의 이야기만 가득하다는 평이다. 삶의 기쁨과 즐거움만 노래했다는 것이다.

그녀가 자서전에서 가장 먼저 소개한 기쁜 일은 다섯 살 때 경험했다. 생일 선물로 강아지를 받았는데, 생애 가장 놀라운 선물이었다며 기뻐했다. 그 한없는 기쁨은 달로 표현할 수가 없을 정도였다. 심지어 고맙다는 말조차도 하지 못했다.

"… 그처럼 어마어마한 행복에 대처하기 위해서는 즉각 혼자 있어야 했다. … 나는 아무도 뒤쫓아 올 수 없는 완벽한 장소에서 조용히 명상하기 위해 화장실로 달려갔다. …."

너무 좋아하는 속마음을 들킬까 봐 화장실로 피하다니…, 혹시 어릴 적에 그 정도로 기뻐했던 적이 있는가? 기쁠 때 어떻게 표현했는지…, 기억나는가?

최고의 순간, 첫 아이 출산

유년기를 지나 청소년기, 청년기를 지나며 어떤 기쁜 일을 경험했는가. 상급학교 진학, 졸업, 자격증 취득, 취직, 결혼…. 기혼자들은 첫아이가 태어났을 때의 감격과 기쁨을 평생 머리에, 가슴에 담고 산다. 갖가지 에피소드와 전후 상황까지 거듭 떠올리며 소소한 기억을 더욱 선명하게 새기곤 한다.

첫아이 가진 걸 우연히 안 엄마들이 뜻밖에도 많다. 대화 중 이야기 속에서 힌트를 얻은 친구나 친지가 "너 혹시 임신한 거 아니니?"라는 물음과 권유에 병원을 찾았다가 확인하기도 한다. 과학의 힘을 빌려 임신하기도 한다. 자연임신이 힘들면 인공수정 등의 방법을 찾는다. 온갖 노력 끝에 어렵게 성공하더라도 산모의 신체적 여건이 뒷받침되지 않아 고생하기도 한다.

최근에는 결혼이 늦어지며 30대 중후반에 첫아이를 갖는 부부도 많다. 우여곡절 끝에 임신에 성공하고 첫아이를 출산하면 더 기쁘다. 힘든 출산 과정을 겪지만, 첫아이를 만나는 순간 모든 게 잊힌다. 두려움과 불안은 사라지고, 모든 게 감사하고 기쁘기만 하다. 배우자에 대한 무한한 믿음이 생기기도 한다.

182 · 마흔에 쓰는 자서전

부모는 삶의 목적과 목표를 다시 확인하고 새로운 여정이 시작되는 데 따른 책임감을 느낀다. 많은 부모는 "내 모든 것을 주어도 아깝지 않다"라고 말하곤 한다.

첫아이는 부모에게 다양한 첫 경험의 기쁨을 안겨준다. 아이와 처음으로 눈을 맞출 때의 감동을 기억하는 부모들이 많다. 부모는 아이가 처음으로 "엄마" "아빠"라고 불렀을 때의 찌릿함을 평생 간직한다. 첫 걸음마를 할 때 모습은 분명 동영상으로 남겨뒀을 것이다. 어린이집에 처음 데려갔을 때 아이보다 더 분리불안을 느끼지는 않았는가. 유치원 재롱잔치 무대에 오른 우리 아이는, 객관적 평가와는 관계없이 부모 눈에는 단연 돋보였을 것이다. 초등학교에 입학하고 서서히 혼자 걸어가기 시작하면 대견하고, 모든 순간 아이는 부모에게 기쁨을 줬을 것이다. 아이 뒷바라지가 힘들어도 점점 의젓해져 가는 모습은 바라보기만 해도 듬직했을 것이다. 흐뭇하고 기뻤을 것이다. 아이가 쑥쑥 커가는 모습을 보면서 느끼는 기쁨은 강렬했을 것이다.

| 기쁨으로 자서전의 가장 아름다운 페이지 만들기 |

마흔 살쯤 되면 아이들이 주는 기쁨에 더해 자신을 돌아보며 기쁨을 느낀다. 자아에 대한 이해가 깊어질 때이다. 자신의 정체성과 가치관이

확립되면서 내면의 평화가 주는 안정감을 느낀다. 현실의 팍팍함과 불안정이 없지는 않겠지만, 과거보다는 불필요한 걱정과 외부 시선에서 어느 정도 벗어나게 된다. 더는 다른 사람의 기준에 맞추려 애쓰지 않게 되며, 진정으로 자신이 원하는 삶을 살려고 노력하며 기쁨을 맛본다. 지나온 시간을 되돌아보며, 그 과정에서 쌓인 경험과 추억에서 큰 기쁨을 느끼기도 한다. 아이와 함께 뛰놀던 날들의 기억을 떠올리면 행복해진다.

이 나이에는 성취의 기쁨도 따른다. 커리어적으로 중요한 시기인데, 많은 사람이 오랜 노력 끝에 원하는 목표를 이루거나, 새로운 도전을 시작한다. 성취의 기쁨은 단순한 물질적 성공이 아니라, 자신이 걸어온 길이 의미 있었다는 확신에서 온다. 자신이 하는 일을 사랑하고, 많은 사람에게 영향을 미칠 수 있다는 사실에 뿌듯해한다.

자서전에 이런 '기쁨'을 어떻게 기록해야 할까. 기쁨을 단순한 감정 묘사가 아니라, 살아온 시간을 되돌아보고, 그 순간들이 어떤 의미였는지 들여다보는 방식으로 다뤄야 한다. 기쁨을 단순한 찰나의 감정이 아니라, 가치관, 인생철학, 성장 과정과 연결 지어 찬찬히 풀어가면서 써야 한다.

기뻤던 순간을 몇 가지 키워드로 나눠 정리할 수 있다. 예를 들면 가족과 함께했던 기쁨의 순간, 성취의 기쁨을 느꼈던 순간, 일상에서 맛봤던 작은 기쁨들, 우연히 마주친 기쁨들 등으로 분류해 묶을 수 있다.

가족과 함께했던 기쁨의 순간에는 첫아이 출산, 결혼식 할 때 기뻐하시던 부모님 모습, 형제자매, 아이들과 함께했던 소중한 때들을 담을 수 있다. 첫 직장에 합격했을 때, 창업 후 첫 고객을 만났을 때, 마라톤 완주, 자격증 시험 합격 등 목표를 이루었을 때는 성취의 기쁨으로 갈래를 나눌 수 있다. 가슴 떨렸던 여행지의 장엄한 풍경은 일상의 작은 기쁨, 길거리에서 오랜만에 친구를 맞닥뜨렸을 때 느꼈던 반가움은 우연한 기쁨으로 구분할 수 있다.

기쁨은 하나의 사건을 중심으로 이야기를 전개해가며 자서전에 담을 수도 있다. 기쁨의 순간을 다시 느낄 수 있을 정도로 생생하게 묘사해야 한다. 또 그 순간의 감정을 강조하는 방식으로도 쓸 수 있다. 삶의 의미와 연결해서 기록할 수도 있다. 단순한 경험을 넘어, 왜 그 순간이 기뻤는지에 대한 통찰을 담는 방식이다. 과거 한순간의 기쁨이 현재 자신에게 어떤 의미가 있는지 연결 지으면 좀 더 깊이 있는 글이 된다.

기쁨은 비교하지 말아야 한다. 남들과 비교해서 '이 정도면 기뻐해야 한다'라는 식의 강요가 아닌, 진짜 기뻤던 순간을 찾아 글로 표현해야 한다. 당시 감정에 솔직해야 한다.

기쁨의 순간을 기록하는 것은 단순히 회상을 위해서가 아니다. 자기가 걸어온 길을 확인하기 위해서, 또 앞으로의 삶을 더 행복하게 만들어줄 자산으로 간직하기 위해서다. 그렇게 남긴 기쁨이야말로 가장 아름다운 자서전의 한 페이지가 될 것이다.

ㅁ ㅎ ㅇ ㅆ ㄴ ㅈ ㅅ ㅈ

화려한 싱글?
마케팅이 만든 말

40 "물론 나도 그사이에 이 문제적 사회 집단으로 분류되고 편입되었다."

아주대 사회학과 노명우(1966~) 교수는 《혼자 산다는 것에 대하여》에서 그렇게 표현했다. 그는 이 책에 '1인 가구'로서 혼자 산다는 것을 따져보고 들여다보며 느낀 생각들을 담았다. 그리고 '자전적 사회학' 책이라고 정의했다.

요즘 혼자 사는 사람들이 부쩍 늘었다. 왜? 노 교수는 자발적으로 혼자 사는 사람도 많지만, '어쩌다 보니', '어쩔 수 없어서' 혼자 사는 사람이 더 많을 것으로 추정했다. 확고한 철학이나 이념을 받들고 따르기보다는 다양한 상황, 여건 때문에 혼자 살게 되었다는 풀이다. 어쩌다 보

따로, 같이할 때 · 187

니 결혼하지 못했거나, 어쩔 수 없어서 이혼하고 혼자 사는 사람이 더 많다는 뜻이다.

그런 '1인 가구'를 바라보는 시선은 참으로 다양하다. 부정적이고 따가운 눈빛을 보내기도 하지만, 호기심 어린 눈으로 바라보기도 한다. 싱글의 삶을 환상적이리라고 바라볼 수 있겠지만, 화려함만 있지는 않다. 사람들은 그들 역시 현실적 삶을 살아간다는 점을 무시하고 이야기하는 경우가 많다.

사실 혼자 사는 사람에 대한 이미지는 거의 전부가 혼자 살지 않는 사람들이 만들어낸 것이라는 게 노 교수의 진단이다. 특정한 목적을 위해 일정 부분 사실을 삭제 외면하고 지어낸 이미지가 많다는 분석이다. 막상 혼자 사는 사람은 그 이미지가 낯설기만 하다. '화려한 싱글', '골드 미스', '골드 미스터'는 모두 마케팅이 만든 말이다. 현실이 버거운 1인 가구의 삶은 담기지 않은 표현이다.

그가 자신을 '문제적 사회 집단'으로 분류된다고 쓴 까닭도 남들이 그렇게 인식하기 때문이다. 사람들은 저출산, 고령화 등을 걱정할 때면 '1인 가구'의 증가를 그 원인의 하나로 꼽는다. 사람들은 그런 사회적 이슈가 떠오르면 혼자 사는 사람을 문제시하며 책임을 떠넘기곤 하지 않는가.

혼자 살든, 결혼해 가족을 이루든, 그건 개인의 선택이다. 가족 없이 혼자 산다고 마냥 우중충하고 우울하기만 하리란 추측은 잘못됐다. 그

188 · 마흔에 쓰는 자서전

들 마음속에 위축감이 숨어 있는 게 사실이기는 하지만, 나름대로 독립성과 자율성을 유지하며 자기실현적 삶을 추구한다.

독일 작가 프란치스카 무리(Franziska Muri)는 《혼자가 좋다(21 Grunde, das Alleinsein zu lieben)》에서 "내가 몇 년 전부터 싱글로 살아온 이래 두루두루 성장을 경험하고 있으며, 삶의 만족감도 점점 높아지고 있다"라고 썼다. 그녀는 '혼자는 외롭다', '혼자 사는 건 비정상적이다'라는, 어쩌면 인류의 가장 오래된 사회적, 문화적 편견이 깨지기를 바랐다. 또 싱글여성 또는 세상의 모든 1인생활자의 삶이 온전하게 평가받고, 삶의 다양성을 제대로 보장받기를 희망했다.

그녀는 "더 이상 도망가지 않고 돌아서서 혼자 됨을 마주할 용기를 내면, 삶이 우리에게 고개를 끄덕이는 것을 경험한다"라고 말했다. 단독자가 되려면, 즉 주체적이고 개별적 존재가 되려면 고독을 받아들여야 한다고 주장했다. 고독과 친해야만 진정한 성장을 이룰 수 있고 관계 속에서 자신과 타인에게 열린 사람이 될 수 있다는 것이다.

그녀는 개인의 성장과 성숙을 위해선 더 적극적으로 혼자가 되라고 주문한다. 자유롭고 성숙해질 일생일대의 기회를 놓치지 말라고 충고한다. 자발적으로 혼자 살면 누구에게 구애받지 않고 동경하던 일을 해볼 수 있다. 나만의 리듬으로 살 수 있다. 원하는 만큼 배우고 성장할 수 있다. 관계 선택에 여유가 생긴다. 누구의 무엇이 아닌, 자신을 알아

따로, 같이할 때 · 189

갈 수도 있다. 내 삶의 동반자는 바로 나라는 사실을 깨닫고 내면의 에너지를 활용할 수 있다. 숭고한 고요함 속에서 거듭남을 받아들이고, 이토록 풍요로운 삶의 여행, 혼자만의 시간을 만끽하라고 권한다.

| 왜 결혼을 기피하나 |

주변 사람은 걱정할지 모르지만, 잘 꾸리면 부러움 사는 게 혼자 살기다. 혼자 사는 성인은 아직 결혼하지 않았거나, 결혼하지 않기로 마음먹은 사람이다. 배우자와 헤어져 혼자 사는 사람도 있다. 뜻이 맞지 않아 헤어졌거나, 아니면 한 사람이 먼저 세상을 떠서 혼자 살기도 한다. 여건이 허락하면 짝을 찾을 사람도 있고, 평생 홀몸을 고집하는 사람도 있다.

최근 젊은 층에선 자발적으로 결혼을 거부하는 비혼주의자들이 많다. 결혼이 지닌 부정적 측면에 거부반응을 보이거나, 싱글 삶의 긍정적 부분을 적극적으로 수용해 선택한 사람들이다.

조사 결과 결혼하지 않는 가장 큰 이유로 결혼자금 부족이 꼽혔다. 통계청이 2024년 5월 발표한 '2024년 사회조사'에 따르면, 응답자 중 '결혼해야 한다'고 답한 비중은 52.5%로 2년 전 조사보다 2.5%포인트

높았다. '결혼해도 좋고 하지 않아도 좋다'가 41.5%, '하지 말아야 한다'가 3.3%였다.

결혼하지 않은 이유로는 '결혼자금이 부족해서'(31.3%), '출산과 양육이 부담돼서'(15.4%), '고용 상태가 불안정해서'(12.9%), '결혼의 필요성을 느끼지 못해서'(11.3%), '결혼 생활과 일을 동시에 잘하기 어려워서'(9.1%)가 꼽혔다.

결혼은 해야 한다고 답한 남성(58.3%)이 여성(46.8%)보다 11.5%포인트 더 많았다. 미혼남녀 중 남성은 41.6% 여성은 26.0%가 결혼을 해야 한다고 답했다. '결혼해야 한다'라는 응답 비중이 10대(13~19세)는 33.7%, 20대는 39.7%, 30대는 43.9% 등 나이가 들수록 높아졌다. 60세 이상은 72.3%가 결혼을 해야 한다고 답했다.

결혼하면 남녀가 가계를 합치고 한 가정을 꾸려나가야 하는데, 이는 개인의 자유를 일정 수준 포기해야 가능하다. 그런데 최근 젊은 층은 개인의 자유를 추구하는 성향이 강해서 이런 부분도 결혼 기피 현상의 한 원인으로 작용하는 것으로 보인다.

결혼을 기피 하는 비혼주의자들은 혼자 살겠다는 뜻을 밝히고 의식(儀式)을 치르며 결의를 다지기도 한다. 소위 비혼식 문화가 번지고 있다. 비혼식(非婚式)은 비혼주의자들이 치르는 의식으로 '싱글 웨딩'이라고도 한다. 자신과의 결혼식이라고 표현하기도 한다. 보통 결혼식처럼 예복을 잘 차려입고 지인과 친지들에게 음식을 베풀고, 반지나 시계 따위의 기념품을 자신에게 선물하기도 한다. 축의금을 받기도 한다. 결혼식 때보다는 적게 내는 것으로 알려졌다.

싱글도 현실을 산다

혼자 사는 비혼주의자의 싱글라이프는 이제 더는 특별하지 않다. 사회적 변화 속에서 자연스럽게 형성된 삶의 한 방식이다. 결혼했건, 혼자 살건, 모든 사람의 삶은 기록해야 할 가치가 있다.

비혼 라이프를 자서전에 담으면 현재 삶을 돌아보고, 나아갈 방향을 정리하는 좋은 기회가 될 것이다. 비혼 라이프를 효과적으로 담으려면 어떻게 써야 할까.

먼저 비혼을 선택하게 된 과정과 이유부터, 싱글라이프의 다양한 경험들, 미래를 바라보는 시선, 나만의 삶의 가치 정리하기 등을 큰 줄기로 삼아 이야기를 풀어가면 된다.

비혼 선택이 개인의 신념 때문인지, 어쩌다 보니 혼자 살게 됐는지를 되돌아보고 차분히 정리해야 한다. 자신의 선택을 객관적으로 다루면서도 감정을 담아내는 것이 중요하다.

비혼 라이프의 장단점을 따져보면 앞으로 생활계획을 세우는 데 보탬이 된다. 여행, 취미, 커리어, 인간관계, 경제적 관리 등 다양한 분야를 다룰 수 있다. 사회적 편견은 어떻게 극복했는지, 나름의 노하우를 공유하는 것도 의미 있다.

비혼주의자도 가족, 친구, 동료 등과 다양한 관계를 맺으며 산다. 비혼 선언 이후 관계를 어떻게 조율했는지, 주변인들한테 결혼 압박을 받았을 때 감정 등도 남겨야 한다. 연애와 사랑에 대한 경험과 생각도 써두면 훗날 가치 있는 개인기록이 될 수 있다.

미래에 관한 생각도 담아야 한다. 앞으로 삶에서 가장 중시하는 것, 노후 준비나 공동체 생활 등에 대한 고민도 정리하면 내일을 대비하는데 큰 도움이 된다.

개인의 비혼 스토리와 함께 비혼에 관한 사회적 인식이나 흐름을 담으면 시대적 기록물로서 평가받을 수 있다.

키워드를 중심으로 정리하는 것도 좋은 방법이다. 자신의 비혼 생활에 중시하는 단어들을 선정하면 된다. 예를 들면 독립, 자유, 자기계발, 인간관계 등을 키워드로 이야기를 풀면 글쓰기가 좀 더 쉬울 수 있다. 또 자신의 가치관, 선택, 경험, 삶의 방식과 철학 등을 중심으로 쓸수도 있다.

머ㅎㅇ ㅆㄴ ㅈㅅㅈ

빌 게이츠의
후회와 망각

〈마이크로소프트(MS)〉 창업자 빌 게이츠(Bill Gates 1955~)가 2025년 10월 만 70세를 맞아 자서전 《소스 코드(Source Code: My Beginnings)》를 펴냈다. 모두 3권으로 계획됐으며 2월 4일 첫 권이 시장에 나왔다. 그는 1999년 《생각의 속도(Business@The Speed of Thought - Using a Digital Nervous System)》 등 미래 기술, 기후 변화 관련 책을 낸 적은 있지만, 자신의 이야기를 다룬 자서전은 처음이었다.

그는 첫 권 출시에 앞서 영국 〈더 타임스(The Times)〉, 미국 〈뉴욕 타임스〉와 가진 인터뷰에서 멀린다(Melinda)와의 이혼을 "다른 어떤 실패와도 비교할 수 없는 인생 최대의 실패"라고 털어놨다. 이혼은

194 · 마흔에 쓰는 자서전

2021년 5월에 했으며, 게이츠가 원인 제공자였다. 그는 미성년 성매매자였던 금융가 제프리 엡스타인(Jeffrey Edward Epstein)과 몇 차례 어울렸고, 사내 스캔들이 있었던 것으로 알려졌다.

게이츠는 '인생 최대 실패'라고 후회하면서 거의 동시에 새로운 만남을 공개했다. 상대는 2019년 숨진 오라클(Oracle Corporation) CEO 마크 허드(Mark Vincent Hurd)의 아내였던 폴라 허드(Paula Hurd). '인생 최대 실패'라더니 어떻게 그렇게 빨리 잊을 수 있었을까.

빌 게이츠가 망각하지 않은 건 "부자로 죽는 것은 불명예스러운 일"이라는 앤드루 카네기의 말이다. 그는 2025년 5월 초 "원래 계획보다 훨씬 빨리 제 재산을 사회에 환원하기로 결심했다"며 "앞으로 20년 동안 제 재산의 대부분을 게이츠 재단을 통해 전 세계 사람들의 생명을 구하고 더 나은 삶을 살 수 있도록 기부하겠다"고 밝혔다.

게이츠는 남은 재산의 99%를 재단에 기부할 계획이다. 이는 2025년 가치로 1,070억 달러(약 150조 원)로 추산된다. 재단은 770억 달러(108조 원)의 기금을 보유하고 있으며 설립 이후 25년간 1,000억 달러 이상을 기부했다. 재단 자금의 41%는 워런 버핏(Warren Buffett)이 기부했다. 나머지는 게이츠가 마이크로소프트에서 얻은 이익에서 냈다.

게이츠 재단은 2045년 12월 31일 영구적으로 문을 닫는다. 원래는

따로, 같이할 때 · 195

게이츠가 죽은 뒤 20년 더 운영할 계획이었다. 게이츠 재단은 2000년 설립 이후 세계 보건 분야에 중요한 역할을 해왔다. 특히 저소득 국가의 의료 서비스 접근성 향상을 위해 노력해왔다.

후회와 망각, 사람이니까 가능하다. 모든 사람은 뭔가를 후회하고 아쉬워한다. 사람마다 후회하는 대상이나 이유가 다르다. 누구는 아무렇지도 않게 넘겨 버릴 일을 누군가는 안타까워한다. 잘 드러내지는 않지만, 누구나 후회한다.

유명 인사 50명에게 인생에서 후회되는 한 가지에 관한 글을 써달라고 요청해 만든 책 《내 인생 후회되는 한 가지》를 보면 참으로 사연이 다양하다.

가수 최백호는 어머니가 외동아들 손잡고 나들이 한번 가고 싶어 하셨는데 그 작은 소원을 못 들어드린 것을 후회했다. 대학 예비고사 때 중간에 그만두고 나와버린 일, 첫사랑에게 고백하지 못한 일도 아쉬워했다.

'시골의사' 박경철은 아버지 말을 무심하게 듣고 넘긴 걸 후회했다. 아버지가 뒷골이 당기고 어지럽다고 하신 지 일주일 뒤에 쓰러지시고 말았다.

문화심리학자 김정운은 1980년 재수 끝에 고려대 문과대학과 연세대 공과대학, 두 군데에 원서를 냈다. 면접하는 날 택시를 타고 "안암동

~"이라고 했던 걸 후회했다. 그는 만약 그때로 돌아갈 수 있다면 망설임 없이 "신촌!"을 외치겠다고 했다. TV 연속극 속에서 여인들의 흠모받는 건축가 모습이 여전히 아른거리기에….

건축가 승효상은 1980년 오스트리아 유학 중 첫눈이 내리는 날 빈에서 결혼식을 올렸다. 행복에 겨워 피로연에서 폭음했다. 귀가하다 정신을 잃었고, 행인의 도움으로 가까스로 귀가했다. 신부에게는 악몽이었다. 그날부터 힘의 균형에서 밀렸다. 그는 대등한 위상에서 부부싸움을 할 수 없게 됐다.

| 선택하지 않은 삶에 대한 후회가 더 크다 |

선택하는 삶에는 후회가 있기 마련이다. 선택의 결과가 비교되기 때문이다. 인간은 매 순간 선택하고 결정하며 산다. 후회하면서 산다고 해도 과언이 아니다. 따라서 후회하는 인간이 자연스럽다. 후회의 성격은 참 다양하다. 가슴에 맺힌 일도 있고, 다소 아쉬운 정도인 것도 있다. 마흔 살이 넘으면 서서히 후회나 아쉬움이 쌓이기 시작한다. 놓쳤거나 더 잘할 수 있었던 일에 관해 많이 생각하게 된다. 그중에는 공통적인 게 있다.

첫째, 건강관리를 소홀히 했던 것을 후회한다. 젊음만 믿고 몸을 돌보지 않아 고통받는 사람이 많다. 만성 질환에 시달리기도 한다.

둘째, 가족과 함께 충분한 시간을 보내지 못한 것을 후회한다. 일에 묶여 바쁘게 살다 보면, 가족들과 함께 시간을 보내기가 힘들어진다. 아이들이 성장하는 소중한 순간을 보지 못하거나, 부모님과 시간을 충분히 갖지 못한다. 나이가 들수록 가족의 중요성을 깨달을수록 시간을 되돌릴 수 없다는 사실이 안타깝기만 하다.

셋째, 자기 계발에 소홀했던 것을 후회한다. 자신의 성장과 자기 계발에 더 투자하지 못한 것이 아쉽기만 하다. "더 많이 배웠더라면, 더 많이 도전했더라면…"이라는 후회가 뒤늦게 찾아온다. 도전과 성장을 추구하지 못한 아쉬움이 크게 다가온다.

시간이 지나 삶의 마지막 순간에 다다르면 대부분 사람이 △자신에게 충실하지 못했던 것 △감정을 표현하지 못했던 것 △행복을 추구하지 않았던 것을 후회한다. 타인의 기대에 부응하느라 자기 뜻대로 살지 못한 것, 사랑하는 사람에게 감정을 솔직하게 표현하지 못한 것을 아쉬워한다. 행복을 미루거나 중요하게 생각하지 않았던 것을 안타까워한다. 이런 후회는 자신의 진정한 욕구와 감정을 존중하는 삶의 중요성을 일깨워 준다.

세계적 미래학자 중 한 사람으로 꼽히는 다니엘 핑크(Daniel H. Pink 1964~)는 《후회의 재발견(THE POWER OF REGRET)》에서 조사 결과 사람들은 대체로 행동한 것보다 행동하지 않은 것을 더 후회하는 것으로 나타났다고 밝혔다. 어떤 행동을 하고 후회하면 선택지가 있다. 사과할 수도 있고, 문신이라면 지울 수도 있다. 아무런 행동을 하지 않은 걸 후회하는 경우는 선택지가 없다. 도전하지 않은 걸 후회하고, 도와주지 않은 걸 안타깝게 생각해봐야 소용없다. 후회의 정도만 깊어질 뿐이다.

| 쓸 때는 아프지만 성장한다 |

후회를 기록하면 성장하고 더 나은 삶을 살기 위한 성찰의 계기로 삼을 수 있다. 아픈 기억을 남긴다는 취지 이상의 효과를 얻을 수 있다.

자서전에 후회를 남기려면 후회의 성격을 나누는 게 중요하다. 그에 따라 글의 방향성이 생기기 때문이다. 먼저 어떤 행위를 해서 생긴 후회인지, 무엇인가 하지 않아서 느끼는 후회인지를 분명히 해야 한다. 전자는 잘못된 선택, 실수, 감정적 행동 등으로 생긴다. 후자는 용기 내지 못한 일, 놓친 기회 등으로 생기는 후회다.

자서전에는 어린 시절부터 현재까지 후회스러운 순간들을 시간 순서대로 정리할 수 있다. 학창 시절의 후회(공부, 친구, 가족과의 관계), 사회 초년생 시절의 후회(직장 선택, 인간관계), 결혼과 가족에 대한 후회, 30대의 후회(진로, 경제적 판단, 인간관계), 40대의 후회 순으로 정리하면, 인생의 흐름과 함께 후회의 의미를 자연스럽게 이해할 수 있게 된다.

후회를 유형별로 정리할 수도 있다. 이렇게 분류하면 글의 논리가 세워지는 효과가 있다. 인간관계에서 생긴 후회, 기회를 놓치고 선택을 하지 않아 하는 후회, 감정적 행동으로 발생한 후회, 용기를 내지 못해서 가슴에 쌓인 후회, 재정적 문제로 생긴 후회, 시간 낭비에 따른 후회 등으로 유형을 나눌 수 있다. 소중한 사람에게 상처를 준 일, 잘못된 선택, 순간의 분노, 사랑 고백을 못 한 일, 무리한 소비, 소중한 시간을 헛되이 보낸 것 등을 예로 들 수 있다.

에피소드별로 기록할 수도 있다. 특정 장면을 묘사하고, 후회하는 이유와 감정을 설명하면 된다. 그때는 몰랐지만, 나중에 깨달았는데 안타깝거나 아쉬운 일을 자세히 설명하면 된다.

후회를 어떻게 극복했으며, 교훈은 무엇이고, 삶에 어떤 영향을 주었는지 등으로 마무리하면 완성도 높은 에피소드가 된다. 비슷한 상황이 다시 온다면 달리 행동할 수 있을지, 그 순간으로 돌아간다면 같은 선택을 할지 스스로 묻고 답하면 글의 깊이를 더할 수 있다.

이런 글쓰기를 하면 후회를 기록하는 순간은 아리겠지만, 성장한다.

ㅁㅎㅇㅆㄴㅈㅅㅈ

하루키의 소확행은
속옷 모으기

40 일본 소설가 무라카미 하루키(村上春樹 1949~)는 '언
더 팬티' 모으는 게 취미다. 당연히 남자용이다. 그는 가
끔 백화점에 가 어떤 걸 살지 망설이다가 대여섯 장을 한
꺼번에 산다. 서랍장에는 그렇게 산 속옷이 상당량 쌓여 있다. 반듯하
게 접어 돌돌 말은 깨끗한 팬티가 잔뜩 쌓인 걸 보면 이런 게 인생의 소
확행(小確幸)의 하나가 아닐까 하고 생각한다.

우리가 흔히 쓰는 '소확행'이라는 말은 무라카미 하루키의 이런 내용
의 글이 화제가 되면서 유행했다. 국내에는 1994년 3월 출간된 《무라
카미 하루키 수필집 3(랑게르한스섬의 오후)》에 처음 소개됐다고 알
려졌다. 한글판의 해당 글 제목도 〈소확행〉이고, 글은 제목 포함해서

따로, 같이할 때 · 201

491자로 짧다.

그는 정돈된 서랍의 팬티에서 느끼는 소확행에 대해 자신만의 특수한 사고 체계인지도 모른다고 썼다. 그 이유로 혼자서 생활하는 독신자를 제외하면 팬티를 자기가 사는 남자는 적어도 자신의 주변에는 그리 흔치 않기 때문이라고 설명했다.

그는 또 러닝셔츠에서도 소확행을 느낀다고 했다. "막 새로 산 정결한 면 냄새가 풍풍 풍기는 하얀 셔츠를 머리에서부터 뒤집어쓸 때의 그 기분이란 역시 소확행의 하나이다." 그는 러닝셔츠는 늘 같은 상표를 한 번에 사니까 팬티처럼 골라서 사는 즐거움은 없다고 했다.

이 글은 만약 지금 성격을 지닌 여자로 태어났더라면 속옷을 넣는 서랍이 하나나 둘 정도로는 모자랄 터여서 남자로 태어난 게 다행이라는 식으로 마무리된다.

'소확행'은 2018년 올해의 유행어 1위를 차지하기도 했다. 취업 포털 사이트 인크루트가 두잇서베이에 의뢰해 남녀 2,917명을 대상으로 한 설문조사에서 28.8%의 지지를 받았다. 또 서울대 소비트렌드분석센터의 2018년 대한민국 소비트렌드로도 선정됐다. 미닝아웃(Meaning out), 케렌시아(Querencia) 등과 함께 뽑혔다. 소확행은 그만큼 우리의 일상에 중요한 콘셉트가 되었고 많은 사람이 추구한다.

점점 팍팍해져 가는 세상살이에서 소확행은 실질적으로 현실을 버텨내게 해준다. 삶에는 이런저런 시련이 끊이지 않는다. 행복해야 그걸 이겨낼 수 있다. 그러려면 자주 행복해야 하고, 작지만 확실하게 행복해야, 시련이 생길 때마다 웃어넘기며 살아갈 수 있다. 시련이 끊이지 않는 현실을 이겨내려면 소확행을 자주 느껴야 한다. 그게 시련 극복에 도움이 된다.

이처럼 행복은 목표가 아니라 도구여야 한다고 주장하는 학자도 있다. 인간이 생존을 위협받을 때 행복감이 그 위기를 잘 넘길 수 있게 해주며, 살아남으려면 행복해야 하고, 행복해야 잘 살 수 있다는 것이다. 행복감이 고통을 견디고 살아남게 해주니까, 행복은 생존을 위한 도구, 수단이라는 해석이다.

좋은 관계가 행복 부른다

마흔쯤 되면 행복의 의미와 크기가 달라진다. 가치 변화 때문이다. 20, 30대에는 경쟁에서 이겨 성공하는 게 중요했다. 사회적으로 인정받는 게 삶의 목표였고, 그걸 성취하면 행복했다. 인생의 반환점인 40대에 접어들면 생각이 바뀐다. 삶의 질과 내면의 만족을 더 중요하다고 느낀다.

워라밸이 행복의 핵심 요소가 된다. 퇴근 후 시간을 가치 있게 활용

따로, 같이할 때 · 203

하고, 새로운 취미, 운동, 독서 등을 시도하며 행복지수를 끌어올리려 한다.

행복 수준은 가족과의 유대, 친구와의 친밀함으로 결정된다. 가족과 소원해지지 않게 즐겁게 지내려 한다. 배우자, 자녀와 따뜻한 관계를 유지하려 한다. 행복이 거기에서 시작한다는 걸 알기 때문이다.

마흔 이후, 행복하게 살려면 대략 5가지를 신경 쓰면 된다. 지혜로운 사람들의 충고다.

첫째, 성공보다 만족을 삶의 기준으로 삼아야 한다. 성공보다 만족하는 삶이 더 행복하다. '지금 이 정도면 충분하다'라고 느낄 때 행복을 느낀다.

둘째, 비교하지 말아야 한다. 내가 원하는 것에 집중해야 한다. SNS 콘텐츠나 다른 사람과 비교하면 행복감이 줄어든다.

셋째, 시간을 돈처럼 관리해야 한다. 나이가 들면 시간은 금보다 소중하다. 불필요한 인간관계, 의미 없는 일에 시간을 낭비하지 말아야 한다.

넷째, 건강을 최우선으로 생각해야 한다. 규칙적인 운동과 건강한 식습관이 가장 중요한 투자다.

다섯째, 의미 있는 일을 지속해야 한다. 생계를 위해서가 아니라 의미 있는 일을 찾아서 하는 것이 행복의 핵심 요소다. 꼭 직업적 일이 아니어도 된다. 취미, 봉사활동, 창작 활동 등 자신이 즐거움을 느끼는 일을 찾아 계속해야 한다.

최근 사람들은 다양한 칙미활동으로 자신을 위로하며 행복감을 느낀다. 나이는 크게 관계가 없다. 한 예로 그림을 배우는 성인이 적지 않다. 전문 작가나 그리는 줄 알았던 유화에 도전하기도 한다. 마치 미대 입시 준비하듯이 데생부터 시작해서 수채화 유화까지 1년 가까이 배우기도 한다. 보태니컬 아트를 배우는 사람도 있다. 색연필을 써서 꽃 그림을 그린다. 세밀하게 그려내야 하다 보니 온 신경을 집중해야 한다. 한 번에 한두 시간씩 일주일에 한두 번, 그렇게 색에 빠져들면 스트레스가 풀리고 머리가 맑아진다. 완성한 소품을 액자에 넣어 책상에 두고 보면 성취감도 맛볼 수 있다.

십자수나 손바느질을 즐기는 사람도 있다. 역시 집중력이 필요한 취미 생활이다. 바늘과 색실로 한 땀 한 땀 뜰 때마다 시름을 잊을 수 있다. 만사를 잊고 빠져들 수 있다. 파우치 등 생활에 필요한 작은 작품을 만들어 쓸 수도 있다.

다양한 봉사활동에 참여하기도 하고, 퇴근 후 배우자와 술 한잔 나누며 피로를 풀기도 한다. 남들 보기에 아무것도 아니지만 나름의 사치를 즐기는 사람도 있다. 예를 들면 최고급 침구를 쓴다든가, 특별한 브랜드의 고급 안경을 고집하기도 한다. 이걸 통해 만족감, 행복감을 느끼고, 활력을 얻는다.

언제 행복한가?

나만 느끼는 행복을 어떻게 기록할 것인가. 행복은 주관적 감정이다. 자신이 생각하는 행복은 무엇인지부터 정리해야 한다. 단순한 즐거움인지, 깊은 만족감인지, 의미 있는 성취인지 고민해 봐야 한다. "나는 가족과 함께 보낸 소소한 순간에서 행복을 느낀다"든가, "나는 목표를 달성했을 때 가장 큰 행복을 경험했다"든가, "예상치 못한 선물 같은 걸 받는 순간들이 내게 가장 큰 기쁨을 주었다"든가, 어떤 때 행복을 느꼈는가. 이런 과정을 거치면 글을 쓸 때 방향이 명확해진다. 과거의 행복을 떠올리고 글로 정리하면 현재와 미래를 살아가는 데 큰 힘이 된다.

행복했던 순간을 정리할 때 어린 시절, 학창 시절, 청년기, 결혼과 가정, 현재 등 각 시기의 행복을 차근차근 돌아보며 쓰면 자연스러운 흐름이 만들어진다.

행복의 성격에 따라 주제를 나누어 쓸 수도 있다. 가족과 함께한 행복, 성취하는 순간 느낀 행복, 여행하며 느낀 행복, 우연히 찾아온 행복…, 주제는 얼마든지 나눌 수 있다.

행복을 더 깊이 있게 기록하려면 그 순간이 왜 특별했는지, 그 순간을 통해 배운 점은 무엇인지, 비슷한 순간이 다시 온다면 같은 행복을 느낄 수 있을지 등을 담아야 한다. 이런 식으로 정리하면, 과거의 행복이 단순한 추억이 아니라 인생에 대한 성찰로 이어질 수 있다. 행복을 기록하며 인생을 돌아보고 앞으로의 삶을 준비할 수도 있다.

감정들 I

자서전에는 다양한 감정을 담을 수 있다. 삶을 깊이 있게 드러낼 수 있는 감정을 폭넓게 탐구하는 것이 중요하다. 다음은 자서전에 담을 가치가 있는 감정 예시 모음 중 첫 번째이다.

1. 긍정적 감정

△ 희망 ·················· 어려운 상황에서도 더 나은 미래를 꿈꾸는 감정

△ 설렘 ·················· 새로운 시작, 사랑, 여행 등에서 느끼는 감정

△ 평온함 ··············· 인생에서 균형을 찾았을 때 느끼는 감정

△ 뿌듯함 ··············· 목표를 성취하거나 자신이 성장했을 때

△ 감사 ·················· 가족, 친구, 인생의 소중한 순간들에 대한 고마움

△ 사랑 ·················· 가족애, 우정, 연애, 자기애 등 다양한 형태

△ 연대감 ··············· 공동체 속에서 존재 의미를 찾을 때

△ 자유로움 ············ 억압에서 벗어나거나 새로운 도전을 했을 때

△ 성취감 ··············· 목표를 이루었을 때의 보람

△ 충만함 ··············· 순간이 만족스럽고 더 바랄 것이 없을 때

2. 사회적 감정

△ 소외감 ················ 사회적 관계에서 단절되었을 때

△ 공감 ················· 타인의 감정을 이해할 때

△ 억울함 ··············· 부당한 대우를 받았을 때

△ 분노 ················· 차별이나 부조리를 겪었을 때

△ 희생정신 ············· 타인을 위해 자신을 내려놓을 때

△ 자긍심 ··············· 국가, 공동체, 가족에 대한 자부심

3. 자서전에서 꼭 기록해야 할 감정

△ 삶에서 가장 행복했던 순간

△ 가장 힘들고 절망했던 순간

△ 가장 큰 후회를 했던 순간

△ 누군가에게 미안했던 순간

△ 용기를 내야 했던 순간

△ 가장 감동했던 순간

△ 가장 소중한 것을 깨달았던 순간

□ ㅎ ㅇ ㅆ ㄴ ㅈ ㅅ ㅈ

클랩튼, 아들 잃고
⟨Tears In Heaven⟩ 만들어

사랑하는 가족을 잃은 상실의 슬픔은 인간이 겪는 고통 중 가장 크다. 어느 것도 비교할 수 없다. 그중에서도 더 아픈 건 자식을 앞세운 경우다. 그 슬픔은 상상을 초월한다. 슬픔에 매몰돼 삶이 무너지기도 한다. 슬픔을 견뎌내고 삼켜야 한다. 문화예술 활동이 도움이 될 수 있다.

'기타의 신'이라고 불린 영국의 전설적 기타리스트이자 싱어송라이터 에릭 클랩튼(Eric Clapton 1945~)은 아들 잃은 슬픔을 노래했다. 그는 아들이 4살이던 1991년 3월 뉴욕 한 아파트 53층에서 추락사하자, 비통함을 음악으로 달랬다. 그 노래가 ⟨Tears In Heaven⟩이다.

210 · 마흔에 쓰는 자서전

이 곡은 클랩튼의 절제된 보컬과 감미로운 연주가 어우러져 듣는 이들의 심금을 울린다. 감성적인 가사는 팬들의 가슴을 뭉클하게 한다.

내 이름 기억할까, 천국에서 만난다면? / 날 보면 예전과 같을까? / 하지만 난 강해져야 해, 계속 살아가야 / 여긴 내가 있을 곳이 아니니까 / 너는 내 손을 잡아줄까, 천국에서 만난다면? / 다시 일어설 수 있게 도와줄까? / 밤이든 낮이든 길을 찾아가야 해 / 여긴 내가 머물 곳이 아니니까

아들 잃은 아픔을 노래한 〈Tears In Heaven〉은 전 세계 팬들의 가슴을 적셨다. 미국 빌보드 핫 100 차트 2위, 영국 싱글차트에서 5위에 올랐다. 또 1993년 〈그래미 어워드(Grammy Awards)〉에서 '올해의 레코드', '올해의 노래', '최우수 남성 팝 보컬 퍼포먼스' 등 3개 부문을 수상하며 음악적 가치를 인정받았다.

클랩튼이 노래로 슬픔을 달랬다면, 미국 작가 조앤 디디온(Joan Didion 1934~1921)은 글로 아픔을 씻었다.

그녀가 쓴 《상실(The Year of Magical Thinking)》 표지는 알파벳 다섯 줄로 되어 있다. 작가 이름 Joan Didion 두 줄, 제목 The Year of Magical Thinking 세 줄이다. 베이지색 바탕에 검정 계통

따로, 같이할 때 · 211

글씨로 제목을 새겼다. 심심하게, 소박하게 보이는 표지 구성이다.

찬찬히 뜯어보면 제목 글씨에 미세한 색상의 차이가 있음을 알 수 있다. Joan의 J, Didion의 o, Thinking의 h와 n, 네 글자의 색이 조금 옅다. 네 글자를 합치면 J-o-h-n, John(존)이다. 역시 작가였던 남편 존 그레고리 던(John Gregory Dunne 1932~2003)의 이름이다.

《상실》은 2003년 12월 30일 존이 세상을 떠난 뒤 1년을 기록한 에세이다. 조앤 디디온은 사별 후 고통을 담담하게 담고 있다. 그녀는 순간순간 존을 떠올리며 힘들어했다. 보이는 모든 게 존을 연상시켜 고통스러웠다.

존은 모든 곳에 존재했다. 그가 안주머니에 넣어 다니던 6×3인치 메모지, 그가 마시던 스카치, 면허증과 신용카드를 끼워 다니던 은색 클립, 그가 입던 코듀로이(corduroy) 바지, 가죽끈을 엮어 만든 브레이드(braid) 벨트….

평범하고 사소한 것들이 불시에 존을 떠올리게 했다. 존에 대한 기억이 그녀를 괴롭혔다. 그 고통 속에서 그녀는 자기 자신을 잃지 않으려고, 감정에 휩쓸리지 않으려고 애썼다. 자신의 처지와 상황을 객관적이고 분석적으로 살폈다. 그가 다시 돌아오리라고 여기는 비현실적 생각, 마법적 사고(Magical Thinking)에서 벗어나려고는 하지 않았다. 그러면서도 무너지지 않고 살아가려고 했다. 침착함과 단정함을 유지하려는 모습은 역설적으로 상실의 고통이 얼마나 큰지 보여줬다.

《상실》은 평범한 이야기로 엮인 회상록으로 호평받았으며, 2005년 〈전미 도서상〉을 수상했다. 〈뉴욕타임스〉는 "놀랍도록 솔직하고 상세하다. 상실로 인한 슬픔을 초상화 그리듯 생생하게 담았다"라고 치켜세웠다.

디디온은 《상실》을 쓰면서 힘들었을 것이다. 치유를 경험했을 수도 있다. 마음의 상처를 정면으로 마주하고 글쓰기를 하면 치유 효과가 있다고 알려져 있다.

| 펫로스, 가까운 사람 잃은 고통과 맞먹어 |

요즘 사람들은 펫로스로 인한 슬픔을 호소하는 경우가 많다. 반려묘를 키우는 이학범 수의사가 2021년 펴낸 《반려동물과 이별한 사람을 위한 책》에 따르면 반려동물이 죽었을 때 느끼는 슬픔의 정도는 가장 가까운 사람이 죽었을 때와 비슷하다. 이는 미국수의사회(AVMA) 자료를 인용한 것이다. 남성은 친한 친구를 잃은 슬픔을 느끼고, 여성은 자식을 잃은 슬픔을 느낀다. 반려동물의 죽음은 보호자의 삶을 뒤흔들 만큼 큰 사건이다.

반려동물과 이별하면 브호자가 우울증, 수면장애, 대인기피, 불안, 외로움, 공허함, 불안감 등을 느낀다. 이 같은 정신적, 심리적 문제를 펫로스신드롬(pet loss syndrom)이라고 한다. 죄책감, 분노, 수면장애, 사회 활동 감소, 식욕부진, 혼자 있고 싶음, 후회, 무기력, 반려동물 생각에 사로잡히는 증세를 보이기도 한다. 이는 정상적 과정이다. 상실에 따른 삶의 변화를 받아들이고 다시 건강하게 일상을 회복하는 게 중요하다.

마흔쯤 되면 가까운 사람을 떠나보낸 경험이 있을 수 있다. 그 나이가 되면 대개 가정의 중심축 역할을 하는데 가족관계의 급격한 변화를 경험하기도 한다. 연로하신 부모님이 돌아가시는 등 상실을 경험할 가능성이 크다. 낯선 경험 앞에서 깊은 슬픔과 허무를 느끼기도 한다.

이 밖에도 마흔 살은 다양한 상황에서 슬픔을 느낀다. 이제 더는 청년이 아니라는 사실을 실감하며 상실감을 맛본다. 마흔에 들어설 때쯤이면 청춘의 상실에 따른 슬픔을 느끼기 마련이다. 건강이나 외모에서 나타나는 노화 징후는 개인적 자존감에도 영향을 미친다. 이는 불안이나 우울로 이어지기도 한다.

마흔이 되면서 후회, 회한을 자주 느끼는 사람도 있다. 이루지 못한 꿈, 선택하지 않은 직업, 떠나지 못한 여행 등 '살지 않은 삶(Unlived Life)'에 대한 후회와 아쉬움이 밀려온다. 미처 경험하지 못한 삶에 대한 슬픔이 만만찮다. 마흔에는 이상과 현실 사이의 괴리를 깊이 느끼게 된다. 젊은 시절 이상과 꿈은 깨지고 버거운 현실의 벽에 부딪혀 우울하고 슬픈 나날을 보내기도 한다.

내 삶에서 슬픔의 의미는?

슬픔은 자서전에 가장 진솔하고 깊이 있는 감정을 담을 수 있는 키워드다. 슬픔을 담으며 감정을 정리하고 삶의 의미를 되새길 수 있다.

슬픔을 쓰기에 앞서 어떤 슬픔을 어떻게 쓸지 먼저 결정해야 한다. 사랑하는 사람, 또는 반려동물을 잃은 슬픔, 실패 포기 좌절로 꿈을 이루지 못한 슬픔, 배신 오해 등 실패한 인간관계에서 오는 슬픔, 무력감 외로움 후회 등 삶의 불확실성에 기인한 슬픔…, 어떤 슬픔을 쓸지 정해야 한다.

상실(loss)과 슬픔(grief), 이 두 감정은 인간의 삶에서 피할 수 없고, 우리의 존재를 더욱 성숙하게 만든다. 상실과 슬픔을 자서전에 남겨야 하는 까닭은 자신과 대화하며 의미를 재해석할 수 있기 때문이다. 상실을 글로 표현하면 심리적 회복력과 건강 지표가 더 좋아진다고 전문가들은 말한다.

사건보다는 감정의 흐름을 중심으로 쓰는 게 좋다. 단지 '무엇이 있었는가'를 쓸 게 아니라 그 사건이 내게 어떤 감정을 안겨주었는지, 시간이 흐르면서 그 감정이 어떻게 변화했는지를 중심에 둬야 한다.

자세하게 장면을 기록해야 한다. 상실을 실감한 순간, 남겨진 물건, 공간을 다뤄야 한다. 유품, 일기장, 앨범, 고인의 냄새가 밴 방 등이 그 예이다. 또 미처 하지 못한 말, 즉 "그날 그렇게 화내지 말걸" 등을 덧붙이는 게 좋다.

슬픔이 준 변화, 삶의 의미는 새로운 통찰, 관계와 행동의 변화를 통해 드러낼 수 있다. 상실 이후 남겨진 삶이 더 소중하게 느껴졌던 순간, 더 많은 사람을 이해하게 된 계기를 설명함으로써 새로운 깨달음을 보여줄 수 있다. 관계의 변화는 가족관계가 가까워졌다는 식으로 표현할 수 있다. 행동 변화는 자원봉사, 기부, 삶의 방향 전환 등으로 나타낼 수 있다.

마지막으로 슬픔이 내 삶에서 어떤 의미를 지니는지 정리하면 깔끔하다. 슬픔이 나를 더 단단하게 만들었다거나 슬픔 역시 내 삶의 일부이며, 나를 더 깊이 있는 사람으로 만들었다 등으로 마무리할 수 있다.

감정들 II

자서전에는 다양한 감정을 담을 수 있다. 삶을 깊이 있게 드러낼 수 있는 감정을 폭넓게 탐구하는 것이 중요하다. 다음은 자서전에 담을 가치가 있는 감정 예시 모음 중 두 번째이다.

1. 부정적 감정

△좌절 ·····················목표를 이루지 못했을 때의 낙담

△불안 ·····················미래 걱정, 예측할 수 없는 상황에 대한 두려움

△분노 ·····················부당함을 겪었을 때, 자신이 억울할 때

△외로움 ···················관계 속에서도 느껴질 수 있는 고독

△우울 ·····················슬픔과 무기력감이 지속될 때

△죄책감 ··················누군가에게 상처를 주거나 실수를 했을 때

△시기 ·····················다른 사람의 성공이 부러울 때

△무기력함 ···············아무것도 하고 싶지 않은 상태

△상실감 ··················사랑하는 사람을 잃었을 때, 꿈이 사라졌을 때

△배신감 ··················신뢰하던 사람에게 등을 돌렸을 때

따로, 같이할 때 · 217

△모멸감 ·················자존심이 짓밟히거나 무시당했을 때의 굴욕

△허탈감 ·················간절히 원했던 일이 허무하게 끝났을 때

△고립감 ·················누구에게도 기대기 어려운 고독한 상태

2. 복합적 감정

△향수 ·························· 과거의 추억을 떠올릴 때

△애증 ·························· 가족, 친구, 연인과의 복잡한 감정

△후련함과 아쉬움 ············ 어떤 관계를 끝낼 때

△두려움 속의 기대감 ········ 새로운 도전을 앞두었을 때

△책임감과 부담감 ············· 가족이나 직장 내에서 느끼는 감정

△망설임과 결단력의 충돌 ···· 선택의 순간에 느끼는 갈등

△질투와 미안함의 공존 ······· 질투하면서도 미안한 감정

△사랑과 부담의 이중감정 ···· 사랑하기에 부담스러운 관계

3. 철학적 감정

△허무함 ·························· 인생의 무상함을 깨달을 때

△초월감 ·························· 인간의 한계를 넘어섰다고 느낄 때

△고독 속의 평온함 ············ 혼자이지만 괜찮다는 느낌

△운명에 대한 체념 ············· 노력해도 바꿀 수 없는 것들에 대한 수용

△삶의 아이러니 ·················· 예상과 다른 방향으로 흘러가는 인생

△선택의 무게에 대한 성찰 ···· 매 선택이 인생을 바꾼다는 통찰

△연결감 ······················ ···· 나와 세계가 연결되어 있다는 감정

4. 변화하는 감정

△처음에는 분노했지만, 시간이 지나 이해하게 되는 감정

△실패 후 좌절했지만, 이후 성취로 바뀌는 감정

△어릴 때는 원망했지만, 어른이 되어 감사로 변하는 감정

△가까운 사람에게 실망했지만 결국 이해하게 되는 과정

△포기하고 내려놓음이 오히려 자유롭게 만들었을 때

△창피했던 기억이 오히려 변화의 원동력이 된 순간

△더 이상 바랄 게 없어졌을 때 느끼는 이상한 평안

△오해가 깨지고 갈등이 풀려 이해로 나아가는 감정

IV

마흔 즈음

안젤루는 새장에 갇힌 새가 왜 노래하는지 알았네 · 223

길버트, 정체 찾아 떠나다 ························· 231

박정부, 마흔다섯에 밥상 놓고 창업 ················ 239

앤더슨, 9번째 이직 ⋯ 평균은 12.7번 ············· 249

모차르트처럼 벼락치기 하지 마라 ················· 257

켈리 최 일으켜 세운 확언 ························267

ㅁ ㅎ ㅇ ㅆ ㄴ ㅈ ㅅ ㅈ

안젤루는 새장에 갇힌 새가
왜 노래하는지 알았네

글쓰기가 가진 치유의 힘은 시대와 공간을 뛰어넘어 인정받고 있다. 마흔에 자서전 쓰기를 해야 하는 까닭이다. 생의 반환점을 돌아서며 더 잘 달리려면 과거 상처는 털어버려야 한다. 특별한 치료를 받거나 하지 않더라도 자서전을 쓰면서 치유할 수 있다. 과거를 찬찬히 되짚어가며 덮어둔 아픔을 글로 표현하면 된다. 내면의 아픔을 글로써 외부로 드러내 씻을 수 있다.

실제 미국의 유명한 흑인 셀럽인 마야 안젤루(Maya Angelou 1928~2014)와 오프라 윈프리는 고통스러운 과거를 자서전에 고백했다. 두 사람은 미국 흑인 여성 인권운동 최일선에 섰다는 평가를 받고

마흔 즈음 · 223

있다.

작가이자 인권운동가 안젤루가 1969년 펴낸 《새장에 갇힌 새가 왜 노래하는지 나는 아네(I Know Why the Caged Bird Sings)》는 유년 시절에 겪은 인종차별, 성적 학대, 그리고 가난의 경험을 솔직하게 기록한 자서전이다. 이 책에 8살 무렵 당한 성폭행 당시의 공포와 수치심, 그리고 이후 겪었던 고통을 고백했다. 그녀는 '그 일' 이후 죄책감과 분노에 휩싸여 5년 동안 말을 하지 못하는 등 심각한 정신적 고통을 겪었다고 썼다.

안젤루는 자서전에서 이러한 상처와 절망에 몸을 떨었지만, 굳은 의지로 희망의 끈을 놓지 않고 나아가는 모습을 그려 독자들에게 깊은 감동을 선사했다. 무엇보다 상처를 극복하고 스스로 치유해가는 과정을 보여주어 많은 이에게 용기를 주었다. 그녀는 훗날 자서전을 쓰는 과정에서 내면의 고통을 외면하지 않고 마주하며 큰 해방감을 느꼈다고 밝혔다.

그녀는 시, 소설, 현대무용, 영화 등 다양한 문화예술 분야에서 활약하며 성공적 삶을 살았다. 1993년에는 빌 클린턴(Bill Clinton) 전 대통령이 취임할 때 흑인 여성 최초로 축시를 낭송하기도 했다.

미국 TV 유명 토크쇼 진행자이자 작가인 오프라 윈프리는 2014년 낸 자서전 《내가 확실히 아는 것들(What I Know for Sure)》에서 유년 시절의 상처와 그로 인한 트라우마를 솔직하게 털어놓았다. 어린 시절 삶은 끔찍했다. 성적으로 학대당하고, 인종 차별당하고, 가난하고, 불안정했다. 정신적 고통과 자존감 상실에 힘겨워했다. 그녀는 자서전에 그런 모습과 함께 이를 극복하려는 노력을 상세하게 묘사했다. 굳건한 의지와 긍정적 태도, 희망을 잃지 않고 삶을 개척해나가는 당당한 모습을 보여준다.

윈프리는 자신의 과거 상처와 화해했을 때 비로소 자유로워질 수 있었다고 말했다. 상처를 극복하면서 자신을 용서할 수 있었다는 이야기다. 상처 마주보기를 통해 그녀를 옥죄던 아픔에서 벗어날 수 있었고, 〈타임〉 선정 20세기의 위대한 인물, 〈포브스〉 선정 세계에서 가장 영향력 있는 인물로 뽑힐 만큼 평가받는 삶을 살고 있다.

안젤루와 윈프리는 범죄와 사회구조의 피해자였다. 둘은 보통 사람으로서는 감당할 수 없을 상처를 입었다. 그 상처를 두 사람은 직시하고 이겨냈다. 나아가 그 과정을 자서전에 써 세상에 드러냈다. 그렇게 함으로써 상처와 화해하고 해방감을 느꼈고 자유로워질 수 있었다고 밝혔다. 오프라 윈프리는 상처를 부정하지 않고 받아들일 때, 삶은 더욱 풍요로워진다고 말했다. 안젤루나 윈프리는 한 인간으로서, 특히 여성으로선 드러내기 힘든 상처를 내보이는 용기를 보여주었다. 그들은 사회적으로 유명한 존재임어도 명성에 흠집 생길 걸 두려워하지 않았다.

마흔, 상처와 화해할 때

마흔은 인생 중간 점검 지점이다. 지나온 나날을 돌아보고, 힘차게 발을 내디뎌야 할 때다. 과거에 발목 잡혀서는 미래로 향하는 발걸음이 가뿐할 수 없다. 과거는 상처투성이다. 살아오면서 알게 모르게 마음에 흉터가 생기기 마련이다. 드러난 마음의 상처도 있고, 묻힌 아픔도 있다. 이걸 안고서는 새로운 발걸음을 떼기가 쉽지 않다. 한발 나아가려면 이것부터 털어버리든가, 보듬든가 해야 한다.

그러려면 상처를 마주해야 한다. 덮어놓고, 외면해서는 아물지 않는다. 정면으로 바라봐야 한다. 상처의 형태, 크기, 깊이, 성격 등등을 살펴야 한다. 전문가의 도움을 받아야 할 수도 있지만, 많은 경우 상처를 드러냄으로써, 들여다봄으로써 일정 수준 치유 효과를 거둘 수 있다. 전문가에 따르면 상처를 집중해 똑바로 보는 것만으로도 아픔을 덜 수 있고, 발화(發話)하면 고통을 떨칠 수도 있다. 발화는 말로든 글로든 털어놓는 것을 말한다. 나의 상처를 남에게 드러내기는 쉽지 않다. 마음의 상처를 치료하기 어려운 까닭이다. 상당한 용기가 필요하다. 고백이 어디 쉽던가. 남에게 고해성사하지 않아도 된다. 나에게 있는 그대

226 · 마흔에 쓰는 자서전

로 이야기하면 된다. 그렇게만 해도 낫는다.

　글과 말은 고대부터 의사소통의 도구일 뿐만 아니라 치유와 내면의 회복을 위한 중요한 수단으로 쓰였다. 글과 말은 인류의 심리적, 정서적 치유를 위한 핵심적 도구였다. 고대 그리스에서는 말과 연극이 치유에 활용됐다. 에피다우로스(Epidauros) 극장은 치유의 신 아스클레피오스(Asclépios)를 기리는 신전 부속 시설로, 연극과 음악으로 정신적 고통을 덜어준 것으로 유명하다. 중세 유럽에서는 사람들이 죄를 고백하고 사제를 통해 용서를 구했는데, 이는 오늘날 심리상담에서 사용되는 '이야기하기 치료(narrative therapy)'의 원형으로 이해된다.

　글도 말과 마찬가지로 치유의 수단으로 쓰였다. 글과 말은 소통 수단이 문자와 음성이라는 차이만 있을 뿐이다. 뜻을 전한다는 측면에서는 같다.

　고대 이집트에서는 병이나 정신적 고통을 치료할 때 주술적 문구를 파피루스(papyrus)에 쓰거나, 병자의 몸에 썼다. 이때 글은 신과 연결해 고통을 덜어주는 신성한 매개체로 여겼다. 또 고대 메소포타미아에서는 병을 앓거나 고통을 겪을 때 자신들의 꿈과 고민을 점토판에 새겨 신에게 용서를 구하거나 위안을 얻고자 했다. 이는 내면의 두려움을 외부로 꺼내고 정리하는 과정이었으며, 치유 의식의 중요한 일부였다. 이러한 고대 사례들은 글쓰기가 정신적, 정서적 치유를 위한 행위로 발전

마흔 즈음 · 227

해왔음을 보여준다.

최근에는 '표현적 글쓰기(expressive writing)'가 정신 건강에 긍정적 영향을 미칠 수 있다는 연구 결과들이 나와 주목받고 있다. 사람들이 자신의 감정과 경험을 글로 표현함으로써 스트레스와 트라우마를 완화하고, 심리적 안정을 찾을 수 있다는 것이다. 트라우마나 부정적 경험을 글로 표현함으로써 심리적 회복력을 강화하고, 긍정적인 변화를 끌어낼 수 있다고 주장한다.

| 하루 15분, 감정 중심으로 |

그럼 보통 사람은 어떻게 해야 할까. 어떤 상처를 얼마나 드러내야 할까. 치유를 시도한다면 가장 아픈 상처를 자서전에 담는 게 맞다. 물론 개인마다 상처의 크기와 성격, 종류는 다를 수밖에 없다. 어쩌면 남들이 보기에 별것 아닌 일이 가슴에 응어리로 맺혀 있을 수도 있다.

인생의 반환점, 마흔을 맞아 새 출발 하는 데 방해가 되는 마음의 생채기는 일단 써두는 게 좋다. 자서전을 쓴다고 해서 꼭 출판을 목표로 하지 않아도 된다. 물론 특정한 목적으로 개인을 알려야 하는 상황이라면 책을 펴내는 게 좋다. 그런 목적으로 드러내는 마음의 상처와 자가 치유를 하려고 쓰는 글은 다르다.

지금은 인생 반환점을 돌며 남은 구간을 새로운 마음으로 뛸 수 있게 마음의 돌을 글로 써서 내려놓자는 이야기다. 보통 사람으로서 사적인 이야기가 공개되는 부담을 느낄 필요는 없다. 출판하지 않으면 그만이다. 개인적으로 보관하든, 찢어버리든, 태워버리든 자유다. 치유 글쓰기 프로그램에서도 속마음을 쓴 글을 태우든가 찢어버리라고 권한다. 블로그에 쓸 때는 비공개하면 된다. 드러내 보여도 괜찮다고 판단되는 부분은 공개하고 프라이버시와 관련된 부분은 비공개로 적당히 가려도 된다. 타인이 아니라 자신에게 상처를 글쓰기로 드러내는 게 목표이기 때문이다. 그것만으로도 치유 효과는 있다고 전문가들은 말한다.

마음의 상처 치유를 목표로 하는 글쓰기는 어떻게 하는 게 좋을까. 다음은 서울대학교 행복연구센터가 권하는 '표현적 글쓰기(expressive writing)' 하는 방법이다.

하루 글쓰기 하는 시간은 15~30분이면 충분하다. 3~5일 동안 연속해서 쓰는 게 좋다. 같은 주제를 다뤄도 좋고, 매일 주제를 바꿔도 상관없다.

표현적 글쓰기는 사건, 기억, 사물, 인물보다는 감정에 중점을 둔다. 어떤 일이 일어났는지보다 일어난 일을 어떻게 느꼈는가를 더욱 중요하게 여긴다. 사건이 아니라 사건과 관련된 생각과 감정을 써야 한다.

내용은 부모님, 연인, 친구, 친척 등 다른 사람과의 관계에 관한 일이

마흔 즈음 · 229

나, 과거, 현재, 미래의 자신에 대한 일도 좋다.

철자법, 주어 서술어 상응 여부, 문장 구조, 혹은 문법은 크게 신경 쓰지 않아도 된다. 일단 쓰기 시작하면, 단숨에 써 내려가는 게 좋다. 표현적 글쓰기는 떠오르는 생각과 감정을 필터링하지 않고 받아쓰기하는 것이다. 그 과정에 명상 효과를 경험하는 사람도 있다.

우리 삶은 상처와 화해하며 살아가야 한다. 그러면서 우리는 진정한 성장을 경험한다. 자신의 상처를 들여다보고 용서하는 게 쉽지는 않지만, 그 과정을 거치면 더 단단하고 깊이 있는 사람이 된다. 마흔에 해야 할 일이다.

ㅁㅎㅇㅆㄴㅈㅅㅈ

길버트,
정체 찾아 떠나다

"마흔이 되면 마음에 지진이 일어난다."

칼 융(Carl Gustav Jung 1875~1961)이 한 말이다. 융은 스위스 출신 정신의학자이자 분석심리학 개척자이다. 그의 말대로 마흔을 지나면서 많은 사람이 삶의 의미를 잃고, 우울증을 앓고, 신체적 변화를 겪는다. 또 탈선하고 이혼한다. 지진은 마음이 요동친 결과다. 마흔이 됐을 뿐인데 왜 흔들리는 것일까. 융에 따르면 지진은 "진정한 당신이 되라는 내면의 신호"다.

융은 이 시기를 '인생의 정오'라고 표현했다. 외형에 치중했던 삶에서 벗어나 자신의 본질적인 모습, 자신의 욕구에 대한 강렬한 자각이 일어나는 때이다. 그동안 발달시켜온 사회적 자아에서 벗어나 진짜 자기를

마흔 즈음 · 231

찾기 위한 혼란기를 경험한다.

지진은 어느 날 문득 '나는 누구인가?'라는 질문에서 시작된다. 내가 부모님의 아들딸, 누구의 형 오빠, 누구의 남동생 여동생, 누구의 배우자, 아이들의 아빠 엄마인 줄은 알겠는데…, 그것만으로 나를 제대로 설명할 수가 없다는 생각이 든다. 매일 쳇바퀴 돌 듯 일터만 오가는 삶만으로 나의 정체를 고스란히 드러낼 수는 없지 않은가. 이력과 명함에 적힌 게 나의 전부인가. 어느 학교 몇 회 졸업생이고 과장 부장 이사 팀장이 나인가. 그런 사회적 페르소나(persona)를 걷어냈을 때 나를 어떻게 설명할 수 있을까. 내 정체는 뭔가. 나의 참된 본디 형체는 뭔가. 중년의 위기는 내면의 자기와 사회적으로 만들어진 자기 사이에 틈이 벌어지면서 생긴다. 새 직장을 구한다고, 새 연인을 사귄다고 해결되지 않는다. 정체성을 고민하지 않고서는 가야 할 방향을 찾을 수가 없다. 그 누구도 해결해줄 수 없다. 해답은 모두 내 안에 있다. 중년에 접어들면 다른 사람의 길은 자신의 길이 아니고, 자신이 찾아 헤매는 게 자신 안에 있음을 안다.

자신을 잘 알아야 그에 맞는 삶을 살 수 있다. 내 정체를 알아야 제대로 살아갈 수 있다. 개인적 환경, 처지에 따라 혼란은 더 일찍 또는 늦게 올 수도 있다. 꼭 마흔이 아니더라도, 그 같은 정체성 혼란을 심하게 겪기도 한다.

엘리자베스 길버트(Elizabeth Gibert 1969~)는 성공한 작가로 뉴욕 맨해튼 아파트에 살았다. 남편은 자상했다. 남들이 부러워할 만한 삶이었다. 겉보기에 이상적 인생인 듯 보였지만 실제 삶은 그렇지 않았다. 정체 모를 불안과 끝없는 우울감에 시달렸다. 34년 동안 누군가 정의한 '여자로서의 삶'을 살았는데 불현듯 회의감이 들었다. 이게 정말 원했던 삶인가. 진짜 나, 내가 원하는 삶을 찾고 싶었다. 스스로 답을 찾아야만 했다.

탈출을 결심하고, 무작정 1년간 여행을 떠났다. 여행지는 이탈리아, 인도, 인도네시아. 그곳에서 신나게 먹고, 뜨겁게 기도하고, 자유롭게 사랑했다. 욕망, 영성, 사랑을 경험했다. 진정한 행복을 느꼈다. 내면의 진실한 자아를 만났다.

엘리자베스 길버트는 그 경험을 《먹고 기도하고 사랑하라(Eat Pray Love)》에 담아 2006년 펴냈다. 전 세계 40여 개국에서 번역돼 1,000만 부 이상 팔렸다. 부제는 '진정한 욕망과 영성 그리고 사랑을 찾아 낯선 세계로 떠난 한 여성의 이야기'다. 새롭고 경이로운 것을 찾아 세계를 여행하다가 내면의 진실한 자아를 만나게 된다는 내용이다. 2010년에는 같은 제목의 영화로 나와 히트했다. 그만큼 흔들리는 여성이 많다는 의미 아닐까.

엘리자베스 길버트는 이 책에서 여성의 삶을 위해 당장 이혼하라거나 자식을 낳지 말라거나 직장을 그만두고 여행을 떠나라고 부추기지 않

마흔 즈음 · 233

는다. "나는 누구이고, 나는 진정 어떤 삶을 살고 싶은가?"를 자신에게 물어보라고 권한다. 내가 누구인지, 어떻게 살아갈지 진지하게 탐색해야 한다고 말한다. 나의 정체를 확인하라는 뜻이다.

| 나를 재정의하기 |

자기 정체성 추구란 평생 과업이기도 하다. 자기 성찰과 자기 정체성 확립 그리고 미래를 구상하고 개척하는 일에는 나이가 따로 없다. 개인차가 있지만, 사람은 나이를 먹어도 반성하면서 얼마든지 계속 성장할 수 있다.

19세기 미국 철강왕 앤드류 카네기(Andrew Carnegie 1835~1919)가 한 예가 될 수 있다. 철강으로 돈을 긁어모은 카네기는 부와 성공을 넘어 삶의 의미가 무엇인지 끊임없이 물었다. 단지 돈 많이 번 인물로 기억되길 원치 않았다. 그는 《앤드류 카네기의 자서전(Autobiography of Andrew Carnegie)》에서 "나는 부를 축적하는 것만으로는 부족하다고 느꼈다. 내가 누구인지는 내가 이 부를 어떻게 사용하는지에 의해 정의될 것이다"라고 말했다. 철강 사업으로 얻은 부를 사회에 환원함으로써 자신의 정체성을 자선가로 정했다. 카네기의 도서관 설립 운동, 교육 지원도 '나는 누구인가'라는 물음에 대한 답일 수 있다. 카네기가 자서전에 남긴 인생에서 가장 중요하게 여긴 물음은 '나의 성공이 다른 사람들에게 어떤 영향을 미치는가?'이다.

자서전을 쓰는 과정에서 자기 성찰을 위해서 파편처럼 흩어진 삶과 그 기억의 조각을 모아 보면 과거 사건의 인과관계, 자신의 관심사, 장점, 잠재해 있던 재능 등을 발견하게 된다. 그 과정에서 내가 누구인가 새삼 깨닫고, 진정 '나다움'이 무엇인지 자기 진단할 수 있다. 또 성찰하게 되고, 참된 자아를 찾을 수 있다.

정체성과 관련한 글은 자신이 누구인지, 어떤 변화와 통찰을 거쳐 지금의 자신이 되었는지를 깊이 들여다보는 내용이어야 한다.

전문가들은 또 정체성을 확인하려면 △자기 인생을 이야기로 재구성하고 △가장 소중히 여기는 가치를 파악하고 △좋아하는 것과 싫어하는 것을 명확히 하고 △몰입 경험을 찾고 △다른 사람의 시각을 참고하되 비판적으로 수용하고 △인생의 변곡점을 기록하고 △미래 자아를 상상해보라고 권한다.

정체성 탐구는 한 번에 끝나는 작업이 아니다. 지속적 이야기 쓰기, 가치 재점검, 미래 자아 다듬기를 하면 조금씩 자신을 이해하는 폭을 넓힐 수 있다.

정체성 탐구에 도움이 되는 질문들

그런 글을 쓰려면 자기에게 묻고 답하는 방식이 효과적일 수 있다. 이를 통해 자신을 정의해나가면 된다. 단순히 정의 내용을 늘어놓기보다는 그런 정의가 만들어진 사건이나 배경을 설명하는 게 좋다. 또 '나는 외향적인 줄 알았지만, 사실은 혼자 있을 때 가장 편안함을 느낀다'처럼 모순된 나를 인정하는 것이 깊이 있는 정체성 탐구이다.

구체적 단어와 문장이 자신의 정체성을 더 명확히 드러낸다. 예를 들면 "나는 착하다"보다는 "나는 누군가가 도움을 요청하면 거절을 잘 못한다. 그래서 늘 바쁘다"가 '나'를 훨씬 잘 설명한다. 이처럼 구체적 단어와 문장으로 표현하는 게 좋다.

다음은 정체성을 탐구할 때 흔히 하는 질문 중 일부를 고른 것이다. 이 물음에 답하다 보면 자신의 정체성을 찾는 데 어느 정도 도움을 받을 수 있다. 혼자서 묻고 답하며 일기를 쓰거나, 정기적으로 일정 문항씩 돌아보는 식으로 활용하면 '나'에 대한 이해가 점점 깊어질 것이다.

△ 어린 시절 가장 행복했던 기억은?
△ 어떤 환경(가정, 지역, 문화)에서 성장했나?
△ 가족이나 어른들에게 가장 많이 들었던 말은?

△ 어린 시절 좋아했던 놀이, 활동, 관심사는?

△ 학창 시절, 어떤 아이였나? 리더형? 조용한 아이?

△ 현재 가장 좋아하는 활동은?

△ 사람들이 나에게 자주 하는 칭찬은?

△ 가장 중요하게 여기는 가치는?

△ 가장 소중한 사람은?

△ 지금 나를 가장 설레게 하는 것은?

△ 남들에게 숨기고 싶은 나의 모습은?

△ 죄책감을 느꼈던 경험은?

△ 자부심을 느꼈던 경험은?

△ 지금 가장 해결하고 싶은 내면의 문제는?

△ 내 삶의 주제곡을 고른다면 어떤 노래인가?

△ 타인과 갈등할 때 대응 방식은?

△ 나에게 정말 중요한 관계는?

△ 나는 어떤 역할을 하나? 조언자? 위로자? 리더?

△ 주로 어떤 사람들에게 끌리나?

△ 지금 끊고 싶은 관계나 습관은?

△ 10년 후 나는 어떤 모습?

△ 진심으로 이루고 싶은 목표는?

△ 죽기 전에 꼭 해보고 싶은 것은?

△ 미래의 나에게 한마디를 한다면?

△ 어떤 사람으로 기억되고 싶은가?

ㅁ ㅎ ㅇ ㅆ ㄴ ㅈ ㅅ ㅈ

박정부, 마흔다섯에
밥상 놓고 창업

 1988년 박정부는 사표를 냈다. 당시 한 회사의 생산책임자
였다. 생산 현장에선 파업이 지속됐고 책임을 져야 했다. 당
시 마흔다섯이었다. 그는 탈진한 상황이었다. 가진 게 아무
것도 없었다. 몸도 마음도 고갈된 상태였다. 무기력했다.

"과연 내가 이 나이에 무언가를 새로 시작할 수 있을까?"

동생이 일본에서 대기업연수를 주선하는 사업을 하고 있었다. 국내
영업을 맡기로 했다. 그해 10월 혼자 사는 어머니 집에서 창업했다. 변
변한 책상 하나도 마련하지 못해 밥상을 펴놓고 일을 시작했다. 일본에

마흔 즈음 · 239

기업연수를 보내는 사업이어서 회사 이름을 〈한일맨파워〉라고 지었다.

박정부는 동생 일을 도우며 일본을 관찰했고, 무역업에 대한 꿈을 키웠다. 일본 〈100엔숍〉에 납품하며 생활용품에서 길을 찾았다. 1992년 국내에 균일가 숍을 개점하려고 아성산업(현 아성다이소)을 설립했다. 5년 뒤 1997년 서울 강동구 천호동에 〈다이소〉 1호점을 열었다.

2025년 현재 〈다이소〉 매장은 전국에 1,500여 개로 불어났다. 매달 600종의 신상품을 출시하고, 매일 100만 명의 고객이 매장을 찾는다. 하루에 판매되는 물량이 수백만 개다. 2030세대가 가장 좋아하는 라이프스타일숍으로 꼽힌다.

아성다이소 감사보고서에 따르면 2024년 매출액은 3조 9,689억 원, 영업이익은 3,711억 원으로 각각 전년 대비 14.7%, 41.8% 늘었다. 다이소 연 매출은 2021년 2조 6,000억 원, 2022년 2조 9,000억 원, 2023년 3조 4,604억 원으로 매년 급증했다. 1,000~5,000원 저가 생활용품을 팔아 수조 원 매출을 올리다니…, 신화라고 해도 지나치지 않을 일이다.

어떻게 이뤘을까. 아성다이소 박정부 회장은 2022년 펴낸 자서전 《천원을 경영하라》에서 "천 원 한 장에 올인했다. 천 원을 위해 정직하게 땀 흘렸던 것이 비법"이라고 말했다. 그는 또 "거창한 계획을 세우기보다 작은 것 하나하나를 철저하게 지키고 당연한 것을 꾸준히 반복했던 것, 그것이 오늘날 아성다이소를 있게 한 원동력"이라고 설명했다. 또 "'아성 다이소는 고객을 위해 존재한다'라는 기본을 잊지 않으려 한 다"라고 덧붙였다.

박정부 회장의 다이소 신화가 모두에게 적용될 수 있는 것은 아니다. 퇴직 후 창업이 재앙을 부르기도 한다. 한국고용정보원이 2025년 3월 발표한 '고령자의 자영업 이동과 저임금 노동' 보고서에 따르면 회사를 퇴직하고 자영업을 하는 50세 이상의 48.78%가 최저 임금보다 적은 수입을 올리는 것으로 나타났다.

뒤늦은 도전이 힘들지만, 마흔 이후 새로운 일을 시작해 다양한 분야에서 성과를 낸 사람들이 많다. 그들은 나이가 숫자에 불과하다는 사실을 증명해 보인다. 전문성과 남다른 가치를 추구하며 무엇인가 이뤄가는 모습은 아름답기만 하다.

소설가 박완서(1931~2011)는 마흔에 데뷔했다. 1970년 《여성동아》 장편소설 공모전에 〈나목(裸木)〉이 당선돼 등단했다. 예전 우리 나이로 마흔이었다. 당시만 하더라도 마흔은 적지 않은 나이였다. 게다가 1남 4녀를 둔 전업주부였다. 여성의 사회 활동이 활발하지 않던 시절이어서 주부의 등단은 뉴스였다. 출발은 늦었지만, 부지런히 펜을 움직이고 자판을 두들겨 장편소설 20여 편, 단편 100편 이상, 수많은 산문을

마흔 즈음 · 241

남겼다.

박완서 작가는 현실과 인간 심리에 대한 날카로운 관찰과 묘사로 팬들의 사랑을 받았다. 그녀의 소설은 항상 삶의 현장에서 시작되며, 가족관계, 사회적 모순, 특히 여성의 삶과 관련된 현실적이고 구체적 문제들을 정면으로 다뤘다. 그녀는 여성의 삶을 통해 한국 사회를 비판적이고 날카롭게 조망하는 문학적 성과를 이뤘다. 또 중년 이후에도 얼마든지 인생의 새로운 장을 열 수 있음을 증명했으며, 인생의 깊이가 창작의 자산이 될 수 있음을 보여주었다.

박완서 작가를 이야기할 때면 꼭 등장하는 인물이 있다. 소설가 한말숙. 둘은 숙명여고 동창이자 절친한 친구였다. 여고 시절 은사가 소설가 박노갑(1905~1951)으로, 영향을 받았다고 전해진다.

한 작가는 한 신문과의 인터뷰에서 "완서는 늘 조용하게 문학책만 읽었어요. 성적은 반에서 2, 3번째 하는 수재였지요. 졸업 후 20여 년간 소식을 모르다가 문단에서 다시 만난 후로 속마음을 털어놓는 친구였지요"라고 말했다.

박완서 작가와 동갑인 한말숙 작가는 만 93세였던 2024년 4월 단편소설 〈잘 가요!〉를 문예지에 발표했다. 현실과 환상을 오가며 꿈속 이야기를 매혹적으로 펼쳐 놓은 작품이라고 언론에 소개됐다. 다섯 살 연하 남편 고 황병기 가야금 명인과의 63년에 걸친 일생을 압축한 작품이다. 한 작가는 2023년에도 단편 〈과일가게 할머니 사장〉을 문예지에 발표하기도 했다.

박완서 작가와 한말숙 작가, 둘의 공통점은 도전하는 삶이다. 그들에게 '늦은 나이', '많은 나이'는 없었다. 그들에게 나이는 삶을 가로막는 장애가 될 수 없었다.

우리 사회에서 나이가 무의미해진 지는 오래다. 마흔 넘어 도전해 자신만의 세계를 구축한 사람들이 많다.

오지 여행가로 유명했던 한비야(1958~) 작가는 마흔세 살이었던 2001년 10월 월드비전 긴급구호팀 팀장이 되면서 국제구호활동가로 변신했다. 그녀는 자신이 쓴 《지도 밖으로 행군하라》에서 구호활동가가 된 동기에 대해 "내 가슴을 뛰게 하고, 내 피를 끓게 만들기 때문이죠"라고 밝혔다. 또 "80년, 사람의 인생을 하루라고 친다면 … 사십 대 초반인 나는 이제 점심을 먹은 후 커피 한 잔 마시는 시간에 와 있는 거다. … 늦기는 뭐가 늦었다는 말인가. 뭐라도 새로 시작할 시간은 충분하다"라고 썼다.

'코리아 그랜마(Korea Grandma)' 박막례(1947~) 할머니는 위키백과에 유튜브 크리에이터로 소개되고 있다. 2017년 1월 31일 유튜브에 가입했다. 2025년 5월 초 현재 구독자가 115만 명이다. 725개의 동영상을 올렸으며, 총 5억 830만여 회의 조회 수를 기록 중이다. 박막례 할머니는 70세에 유튜브에 도전하며 "나이가 중요한 게 아니라 해보는 것이 중요하다"라고 강조했다. 《박막례, 이대로 죽을 순 없다》와 《박막례시피》, 두 권의 단행본까지 냈다. 말 그대로 나이를 넘어선 박막례 할머니의 무한도전은 계속되고 있다.

'성공 맞춤형' 도전

이들 이외에도 마흔 넘어 새로운 영역에 도전해 성공한 이들이 많다. 많은 사람이 새출발하기에는 너무 늦었다고 걱정했음에도 그들은 어떻게 성공할 수 있었을까? 그들은 유별난 성공 유전자를 타고난 것일까? 늦깎이 성공자들은 어떤 공통된 특별한 자질을 가진 것일까? 운이 좋았던 걸까?

정답은 '특별한 무엇인가는 없다'이다. 이미 세상에 다 공개된 논리나 습관 등으로 설명된다. 나이와 무관하게 무엇인가 이루는 사람들에게서 공통으로 발견되는 자질은 도전적 태도와 마음가짐, 그리고 꾸준한 노력이다.

이들은 나이와 무관하게 노력과 학습을 통해 끊임없이 성장할 수 있다고 믿는 경향이 있다. 이런 태도, 마음가짐을 가진 사람들은 도전과 실패를 통해 계속 발전할 가능성이 크다. 실패해도 다시 일어나고 끝까지 밀고 나가는 힘을 가지고 있다. 그들은 실패를 성공의 과정으로 인식한다. 나이는 잊은 채 주저하지 않고 도전하는 삶의 태도를 지니고 있다.

그들은 자신이 원하는 바를 명확히 알고 있으며, 이를 위해 치열하게 노력한다. 자신이 추구하는 목표가 분명하고 자신이 원하는 바를 확실히 이해하고 간절히 바라며 구한다. 여행가 한비야 작가는 오지를 다니다 긴급구호의 필요성을 느꼈고, 긴급구호 활동을 삶의 목표로 삼았다. 진정 원하는 삶을 살려고 마음먹고선 서슴없이 새로운 도전을 했다. 삶의 목표가 분명했고, 행동했다.

이외에도 성공한 사람들에게서 나타나는 특질은 끈기와 집념이다. 그들은 목표를 이루기까지 절대 포기하지 않는 끈기와 집념의 소유자들이다. 그들은 변화와 불확실성을 적극적으로 받아들인다. 주어진 환경을 있는 그대로 수용하고 그 속에서 최선을 다하는 모습을 보인다. 주변인과의 관계를 잘 관리하며 지지를 적극적으로 유도하고 활용한다. 또 항상 변화에 열려 있고, 혁신적인 아이디어와 도전을 두려워하지 않는다. 그들은 자신의 분야에서 최고가 되려고 끊임없이 배우고 자기 계발에 몰두한다.

마흔의 도전은 열정과 용기만 있다면 누구나 할 수 있다. 그렇다고 무작정 시도하면 필패다. 현실적 요소를 냉철히 점검하고 철저히 준비해야 성공 가능성을 높일 수 있다.

마흔 이후에 새로운 도전을 할 때 가장 먼저 고려해야 할 점은 재정적 안정성이다. 경제적으로 준비되지 않은 채 하는 도전은 매우 위험하다. 현재 자산과 부채 상태부터 확인하고, 도전 기간에 필요한 생활비 및 비상금을 마련해야 한다. 소득 감소 또는 중단 시 대안 소득 방안도 예비해 두어야 한다.

마흔 이후 도전의 성패는 가족의 공감과 지지가 크게 좌우한다. 가족 전체가 함께 겪게 될 변화이기 때문이다. 배우자와 충분히 상의하고 동의를 받아야 한다. 공감대를 형성해 심리적 지지를 확보해야 도전 과정에서 겪는 어려움과 스트레스를 잘 관리할 수 있다. 가족의 정서 변화에 대한 대처방안도 생각해 두어야 한다. 자녀 양육과 교육 계획도 점검해야 한다.

마흔 이후 새로운 영역에 도전할 때는 자신의 실제 역량을 객관적으로 평가해 봐야 한다. 진출하려는 분야에서 요구하는 전문성을 파악하고, 부족한 역량은 보완 계획을 세워야 한다. 추가적인 교육을 이수하거나, 자격증을 따고, 실습을 해보는 등 현실적으로 전문성을 보완할 계획을 세우고 실천해야 한다. 그에 따른 일정도 관리해야 한다.

철저한 시장 분석과 전망에 기반을 두고 도전해야 한다. 원하는 일을 하는 것도 중요하지만, 실제 시장에서 수요가 있는지 반드시 점검해야 한다. 현재 시장 규모와 성장 가능성도 조사하고, 경쟁자 분석을 통한 현실적 진입 가능성을 평가해야 한다. 시장 변화에 따른 장기계획도 마련하고 출발해야 한다.

도전은 실패 가능성을 항상 내포하고 있다. 실패 시 그 영향이 젊었을 때보다 클 수 있다. 따라서 실패에 대한 현실적 대비를 반드시 해야 한다. 도전의 마지노선과 현실적 손실 한계를 설정해 두고 시작해야 한다. 재기 전략도 미리 마련해 두는 게 현명하다.

장기적 안정성과 성장성을 모두 갖춘 영역에 신중히 도전해야 한다. 본인의 관심과 경험, 역량과 연결 지어 접근하는 게 좋다. 자신의 관심사와 강점, 시대적 흐름을 분명히 이해한 뒤 도전해야 한다. 자기 능력과 경험, 관심사를 연결해 독창적인 무엇인가를 만들어내면 성공 가능성을 높일 수 있다.

| 자랑보다 정신적 성숙 보여줘야 |

마흔의 도전 경험은 자서전에 담기 좋은, 또 꼭 담아야 할 이야기다. 성공했든, 실패했든 관계없이.

성공했다면 그에 이를 수 있었던 과정을 충실히 묘사해야 한다. 어느 날 성공했다가 아니라 어떤 어려움을 겪고 고민했으며, 갈등을 빚었던 순간들을 소상히 남길 필요가 있다. 구체적으로 어떻게 준비했고, 어떤 시도를 했으며, 무엇을 배웠는지 기록해야 한다.

무엇을 성취했다는 측면만 드러내기보다는 내면의 성숙 등 정신적 성장을 강조하는 게 낫다. 성공으로 경험한 삶의 긍정적인 변화, 주변 관계의 변화 등도 함께 담아야 한다. 성공 이야기는 자칫하면 자랑만 늘어놓을 수 있는데 이를 경계해야 한다.

실패했더라도 기록해 두어야 한다. 성공 못지않게 값진 기록이다. 숨기거나 축소하지 말고 담담하게 실패를 인정하고, 있는 그대로 솔직히 쓰는 게 중요하다. 실패를 통해서 무엇을 배웠는지, 그것이 인생에 어떤 도움이 되었는지 구체적으로 써두어야 한다. 재도전한다면 성공의 밑거름이 될 수 있다.

성공과 실패 모두 삶을 이루는 소중한 경험이자 자산이다. 자서전에 이를 기록하고 돌아보는 과정은 그 자체가 이미 성공적 삶을 살고 있음을 의미한다.

ㅁ ㅎ ㅇ ㅆ ㄴ ㅈ ㅅ ㅈ

앤더슨, 9번째 이직 …
평균은 12.7번

키스 앤더슨(Keith Anderson)은 영어 교사였다. 미국 하와이 〈글로벌빌리지잉글리시센터(Global Village English Centres)〉, 〈샌프란시스코주립대학(San Francisco State University)〉, 〈예술아카데미대학(Academy of Art University)〉에서 영어를 가르쳤다. 연봉이 2만 7,000달러 정도였다. 적었다.

그는 빅테크기업으로 이직을 꿈꿨다. 지원서를 100개쯤 보냈지만, 답변이 없었다. 기술 경력이 없는 상태에서 빅테크로 이직하는 건 힘들어 보였다. 그는 충격을 받아 이력서 쓰는 법 코칭을 받고, 이직 컨설팅 전문가와 면담하기도 했다. 그래도 뾰족한 수가 없었다.

마흔 즈음 · 249

고민 끝에 이력서 상단에 '관심사' 섹션을 표기하고, 강한 인상을 남기려고 '파이만들기 대회에서 3위를 했다'라고 디테일을 살렸다. 이 같은 노력으로 4번 만에 〈구글〉에 개발자로 채용됐다. 그의 기술적 능력이 아니라, 특정 사안을 독창적 관점에서 접근하는 태도를 높이 평가받았던 것으로 알려졌다. 그때가 2015년 36살 때였다.

키스 앤더슨은 〈구글〉을 발판 삼아 여러 빅테크기업을 섭렵했다. 〈우버(Uber)〉, 〈유튜브(YouTube)〉, 〈메타(Meta)〉, 〈캘리브레이트(Calibrate)〉, 〈도어대시(DoorDash)〉를 거쳤다.

이직을 거듭한 끝에 그는 창업을 결심했다. 이직 경험이 자산이었다. 이직자들을 돕는 커리어 코칭 회사인 〈커리어 알케미(Career Alchemy)〉를 설립했다.

이는 〈커리어 알케미〉를 소개하는 언론 기사에 종종 나오는 이야기다. 키스 앤더슨의 경력은 그의 〈링크드인(LinkedIn)〉에 자세히 소개돼 있다.

키스 앤더슨의 이직 횟수는 모두 9차례였다. 많이 옮겨 다닌 것 같지만 미국 평균 이직 횟수보다는 적다. 미국 노동통계국(BLS)이 2023년 발표한 바에 따르면 1957~1964년 출생 미국인들은 18세에서 56세까지 평균 12.7개의 일자리를 거쳤다.

이는 고용노동 시장이 유연한 덕분이다. 또 이직을 바라보는 시선이

너그럽기 때문이기도 하다. 미국에선 이직을 일반적이고 긍정적인 경력 전략으로 판단한다. 이직을 연봉 상승, 기술 향상, 워라밸을 개선할 수 있는 자기 주도적 경력 설계 수단으로 생각한다.

이에 비해 한국은 이직은 신중하게 고려할 일로 여긴다. 최근 2030 세대 중심으로 자기계발, 워라밸을 추구하는 이직이 늘어나고 있기는 하다. 그래도 대기업 중심의 정규직 문화가 지배적이어서 이직은 불안정한 선택으로 받아들여지기도 한다. 더욱이 나이 들어서 하는 이직은 위험하다고 생각한다.

한국 기준으로 마흔의 이직은 용기를 내야 하는 도전이다. 직장을 옮겨서라도 살아남으려는 생존본능이 발동해야 할 수 있는 일이다.

마흔 직장인은 문득 '내가 회사에 도움이 되나?'라는 생각을 하곤 한다. 당연히 '여기서 어디까지 갈 수 있을까?'도 헤아린다. 이나가키 에미코(稲垣えみ子)가 《퇴사하겠습니다》에서 말한 '선별 대상 연령'이 되지는 않는지 고민한다. 먼 산 바라보다 고개를 떨굴 때도 있고, 말수가 줄어든다. 미로에 갇힌 듯한 막막함, 숨 막히는 가위눌림…, 출구를 찾아야 한다. 자신과 조직의 동반 발전 가능성이 보이지 않는다면 길을 찾아야 한다. 이직?!

그런데 마흔 직장인은 회사를 옮기고 싶어도 갈 곳도 오라는 곳도 많지 않다. 20~30대 시절에는 옮길 곳도 많았다. 고를 수 있을 정도였다. '환승 이직'할 수 있었다. 이직할 때 망설임 없이 사직서를 냈다. 앞날을 걱정하지 않았다. 새 직장과 사람에 적응하는 일을 두려워하지도 않았다.

마흔 줄에 들어서면 현실적으로 이직이 쉽지 않다. 기업들이 일을 잘 알고 뛸 수 있는 젊은 경력자를 원하기 때문이다. 대략 7년 전후 경력자가 인기다. 40대면 관리자들인데, 이직 시장에서 관리자 수요는 적다. 마흔 살이면 연령제한에 걸리기도 한다. 어떤 회사들은 몇 년 생 이후 출생자를 원한다고 밝히기도 한다. 마흔이 그 경계선인 경우가 많다.

이직을 고려 중인 사람들을 나이대별로 나누면 20대가 83.2%로 가장 높았다. 30대는 72.6%, 40대는 58.2% 순이었다. 이는 한국경영자총협회가 2024년 4월 15일부터 4월 30일까지 ㈜글로벌리서치에 의뢰한 근로자 이직 트렌드 조사 결과이다. 조사 대상은 전국 20~40대 정규직 근로자 1,500명(응답자 기준). 이 조사에 따르면 20~40대 직장인의 67.8%가 이직 경험이 있었으며, 그들의 이직 횟수는 평균 2.8회였다. 이직계획자의 61.5%는 주된 이직 고려 사유로 '금전 보상 불만족'을 꼽았다. 그 외 응답은 '과도한 업무량' 32.7%, '기대보다 낮은 평가' 27.4%, '회사실적 부진 등 미래에 대한 불안' 26.6%, '개인적 성장을 위해' 25.7% 순이었다.

안정성과 성장성 함께 살펴야

마흔 살의 이직은 성공적 미래를 위한 발판이 되어야 한다. 그러려면 이직에 앞서 다음 사항들을 체크해 봐야 한다.

△ 지금까지의 경험과 경력을 발전시킬 수 있는 회사인가?
△ 회사의 가치관과 조직 문화가 나와 맞는가?
△ 성장 가능성과 안정성을 함께 갖춘 기업인가?
△ 내 강점이 즉시 발휘될 수 있는 업무인가?
△ 업종 및 직무의 장기적 전망이 밝은가?
△ 사전 조사를 철저히 했는가?

좀 더 구체적으로 설명하면 이렇다.

마흔은 커리어 전환보다는 커리어 연장과 발전을 꾀해야 할 때이다. 기존 경험을 살려 심화시키는 방향이어야 이직 성공 가능성이 크다. 지금까지 했던 업무 중 잘할 자신이 있고 성과를 냈던 분야를 중심으로, 이를 한 단계 업그레이드할 수 있는 회사로 옮기는 게 좋다.

희망 기업과 궁합이 맞아야 성공적으로 이직할 수 있다. 연봉, 직위 못지않게 이직할 회사의 가치관과 문화를 살펴야 한다. 그게 안착에 큰 영향을 미친다. 자신이 중요하게 여기는 가치, 예를 들면 워라밸, 윤리

마흔 즈음 · 253

경영, 조직문화를 지닌 기업을 찾고, 이를 확인한 뒤에 이직을 결정하는 것이 좋다.

마흔은 안정성도 있고, 성장성도 있는 기업을 선택할 나이다. 장기적으로 성장 가능성이 있는 기업을 골라야 한다. 기술력을 갖추고 지속적으로 성장하는 중소기업이나, 신사업을 추진 중인 대기업 계열사가 안정적인 선택일 수 있다.

기업들이 40대를 경력직으로 받아들일 때는 즉각적인 성과 창출을 기대한다. 기업들은 신규 프로젝트를 착수하거나, 조직을 재정비할 때 바로 성과를 낼 사람을 찾는다. 40대는 경험을 통해 빠르게 성과를 낼 수 있다는 게 최대 경쟁력이다.

업종과 직무의 미래 전망도 따져보고 결정해야 한다. 옮길 회사의 산업 전망이 밝고, 꾸준히 성장할 수 있는 업종인지 확인해야 한다.

이직 대상 기업을 꼼꼼히 조사해야 성공적으로 옮길 수 있다. 적어도 3달은 조사해야 한다고 전문가들은 충고한다. 옮길 기업의 내부 사정을 지인이나 업계 사람들을 통해 정보를 얻고 확인해야 한다. 그 회사의 재무 상태와 직원들의 평가 등을 잘 챙겨야 후회 없는 선택을 할 수 있다.

이직은 자신의 가치를 평가받는 일이기도 하다. 상품 가치를 올릴 필요가 있다. 소위 퍼스널 브랜딩을 강화해야 한다. 각종 SNS 프로필을 전문성과 성과 위주로 업데이트해야 한다. 또 관련 업계 인사들과 소통하며 개인 브랜드 이미지를 강화해야 한다. 자격증, 강의 수강, 세미나 참석 사실을 공개해 전문성이 있음을 증명해 보이는 것도 이직에 도움이 된다.

이는 연봉 협상에서 우위를 점하게 해준다. 구체적인 자료를 제시하면 협상을 유리하게 이끌 수 있다. 복지, 근로조건 등 비금전적 부분도 중요하게 여기고 협상해야 한다. 협상력이 있는 사람들이 이직 후 만족도도 높고 안정된 커리어를 만들어갈 가능성이 크다.

| 고민과 갈등, 감정의 흐름 담아야 |

자서전에 이직 부분을 쓸 때는 △이직 동기 △이직 준비 과정 △이직 후 현실과 이상의 차이 △성공한 이직과 실패한 이직 △이직에 대한 평가 △이직의 교훈을 담아야 한다.

이직을 결심하면서 겪었던 갈등과 고민부터 시작하는 게 좋다. 직장에서의 불만, 개인적인 꿈, 혹은 더 나은 삶에 대한 열망 등을 솔직하게 표현해야 한다. 다음과 같이 쓸 수 있다.

"가족을 부양해야 하는 현실적 이유로 더 나은 대우가 절실했다."

"10년 넘게 같은 자리에서 비슷한 업무만 반복하다 보니 내가 정말 원하는 삶을 살고 있는지 회의감이 커졌다."

이직 준비 과정에는 만감이 교차한다. 준비 과정과 그때 느낌을 남겨야 한다. 이력서를 쓸 때, 면접을 준비할 때, 느꼈던 좌절과 희망의 감정을 자세하게 담아보라. 그 과정에서 느낀 두려움, 기대감, 자존감의 변화 등 감정의 흐름은 훗날 나를 더 잘 이해할 수 있게 해줄 것이다.

새 회사에 기대했던 것과 실제 현실 간의 차이, 달라진 인간관계나 업무처리 방식 등으로 인한 갈등도 쓸 거리다. 주변인들의 이직 사례도 소개하는 것도 기록으로서 가치를 지닌다. 자신의 이직을 평가한 글도 필요하다. 현재 관점에서 당시의 선택을 어떻게 평가하는지, 그 경험이 자신에게 어떤 의미로 남아있는지 정리해 두면 훗날 그 시절 이직 문화를 엿볼 수 있게 해준다.

ㅁㅎㅇㅆㄴㅈㅅㅈ

모차르트처럼
벼락치기 하지 마라

 볼프강 아마데우스 모차르트(Wolfgang Amadeus Mozart 1756~1791)는 역사상 가장 뛰어난 천재 음악가 중 한 명이다. 공연을 앞두고 촉박한 상황에서 벼락치기로 명곡들을 탄생시킨 것으로도 유명하다. 그는 의뢰받은 작품의 초연이 가까워져서야 본격적으로 작업에 몰입하곤 했다. 그는 머릿속으로 곡을 완성하곤 맨 마지막에 종이 위에 옮기기 때문에 늦을 수밖에 없다고 변명했다. 이런 벼락치기 습관 때문에 당시 공연 기획자와 주변 사람은 그의 악보를 늘 초조하게 기다려야 했다.

그의 대표적 벼락치기 작곡 사례는 〈돈 조반니(Don Giovanni K.527)〉 서곡(Overture)이다. 〈돈 조반니〉는 1787년 10월 말 체코

마흔 즈음 · 257

프라하에서 초연 예정이었다. 그 전날까지 곡이 완성되지 않았는데도 모차르트는 하루 내내 술만 마셨다. 친구들이 걱정하며 한밤중에 그를 집으로 들여보냈다. 그때부터 곡을 쓰기 시작해 밤을 꼬박 새운 끝에 새벽에 완성했다. 그 악보는 공연 직전에야 연주자들에게 전달됐다. 악보의 잉크가 마르지도 않았고, 리허설 한번 없이 연주해야 했다는 일화가 전해지고 있다. 이렇게 벼락치기로 완성된 〈돈 조반니〉 서곡은 음악 역사상 최고의 오페라 서곡 중 하나로 손꼽힌다.

그는 이 외에도 숱한 곡을 벼락치기로 썼다. 모차르트의 벼락치기 습관과 빠른 작곡 속도는 역설적으로 그의 비범한 천재성을 보여준다. 또 창의성과 집중력이 어떻게 극한의 압박 속에서 빛을 발할 수 있는지 설명할 때 등장하는 단골 사례이기도 하다.

모차르트야 천재니까, 벼락치기를 해도 성과를 낼 수 있었는지 모른다. 그런데 평범한 존재인 우리는 왜 벼락치기에서 헤어나지 못할까. 결과가 만족스럽지 않을 때도 많은데….

벼락치기는 심리학에서 지연행동(procrastination)이라는 개념으로 설명한다. 지연행동은 해야 하는 일을 의도적으로 늦추고, 불필요한 스트레스를 유발하는 행동이다. 지연행동의 원인은 대략 세 가지라고 전문가들은 분석한다. 먼저 사람들은 즉시 보상이 없는 일은 미루다가 보상이 주어지면 벼락치기 하는 경향이 있다. 또 완벽하게 해내지 못

할까 봐 두려워 시작도 못 하고 미루고 미루다가 벼락치기 하기도 한다. 자기 통제력을 잃어 일을 시작도 못 하다가 마감 직전에 몰려서야 어쩔 수 없이 벼락치기 하는 경우도 많다.

결국 벼락치기는 인간의 본성적 약점과 심리적 특성들이 복합적으로 작용해서 나타나는 현상이다. 그렇다고 하더라도 보통의 존재들이 모차르트를 흉내 내는 건 좀 과하지 않은가.

벼락치기 습관이 인생 전체로 확장되면 문제다. 인생은 벼락치기로 풀 수 있는 문제가 아니기 때문이다. 벼락치기식 삶에 젖은 사람들은 일을 미루고, 긴급한 상황이 닥쳐야 비로소 움직인다. 벼락치기식으로 살면 인생의 중요한 순간에 크게 후회하게 된다. 또 자기 삶에 대한 주도권을 잃게 된다.

보통 사람은 무슨 일이든 벼락치기 할 게 아니라 계획을 잘 세워서 차근차근 실행해야 한다. 그게 무엇인가를 안정적으로 이루는 길이다. 특히 인생과 관련해서는. 일과 인생에 대한 태도를 조금씩 바꿔가면 계획적이고 의미 있는 삶을 만들어갈 수 있다.

인생 중간 점검해야 할 6가지

마흔의 우리는, 삶을 중간 점검해 봐야 한다. 과거를 되새기고 현재를 점검하고 미래를 설계할 최적기가 마흔 무렵이다. 마흔은 그간 경험을 토대로 삶을 재정비하고, 앞으로 시간을 어떻게 사용할지 진지하게 고민해야 하는 시기다.

중간 점검은 현재 나의 상태를 파악하는 것으로 시작해야 한다. 대략 다음과 같은 6가지 영역을 정리해 봐야 한다. △개인적 성장과 자기 이해 △가족 및 인간관계 △경력 및 직업 만족도 △건강과 웰빙 △재무 상태 △사회적 기여와 여가 활동.

개인적 성장과 자기 이해와 관련해서는 자신의 가치관, 신념, 강점, 약점, 잠재력을 재평가해 봐야 한다. 또 지금까지의 성취와 실패를 돌아보며, 이를 통해 얻은 교훈과 앞으로의 적용 방안을 모색해야 한다.

중요하게 생각하는 가치나 신념이 시간이 지남에 따라 어떻게 변화했는지, 이러한 변화가 현재의 삶에 어떤 영향을 미치는지 분석해 봐야 한다. 내면적 성장을 위해 앞으로 어떤 학습이나 경험이 필요한지 따지고 배울 기회를 찾아야 한다. 도전해 보지 못한 꿈이나 목표가 있는지 살피고, 정기적으로 자기 점검과 성찰의 시간을 가져야 한다.

인간관계는 행복과 안정감에 가장 큰 영향을 미친다. 마흔 이후의 인간관계는 양보다 질에 집중하는 게 좋다. 매주 최소한 한 명과 깊은 대화 나누기를 하는 것도 보탬이 된다. 배우자, 자녀, 부모님과의 관계를 돌아보고 더 나은 관계 형성을 하려면 어떤 노력을 해야 하는지 살펴야 한다. 가족 여행이나 저녁 식사 등을 통해 주기적으로 함께 시간을 보내는 것도 관계 강화에 도움이 된다. 친구, 동료와의 관계를 재평가해서 자신에게 소중한 사람과의 관계에 우선순위를 두고 집중하는 게 중요하다. 또 부정적 영향을 주는 불필요한 관계는 정리하거나 거리를 둬야 한다.

마흔은 커리어의 정점을 향해 가는 시점이며, 동시에 새로운 도전을 고려할 수 있는 시기이다. 현재 직업에 대한 만족도를 평가하고, 경력 전환이나 추가적인 학습의 필요성 등을 따져봐야 한다. 또 미래 목표도 점검하고 수정해야 한다. 앞으로 경력 목표를 설정하고, 이를 달성하려고 구체적 계획을 세워야 한다. 현재 직업의 만족스러운 점과 불만족스러운 점을 목록화하고, 이를 기반으로 향후 경력 계획을 수립하는 것도 한 방법이다. 새로운 기술을 배우고 전문성을 높여야 한다. 지속적인 학습과 변화 대응 능력은 앞으로의 커리어를 결정짓는 핵심으로 작용한다. 더 나은 조건과 지속 가능한 직업을 찾아서 창업과 이직을 고려해 보는 것도 좋다.

마흔 이후 삶의 질은 건강에 달렸다. 신체적 건강뿐 아니라 정신적 건강을 챙기는 것이 중요하다. 연 1회 정기 검진으로 질병을 조기 발견하고 대처해야 한다. 주 3회 이상 유산소 운동과 근력 운동을 하면 신체 건강을 유지하는 데 도움이 된다. 운동과 함께 균형 잡힌 식사, 적정 체

중 유지, 금연, 적당한 음주 습관은 건강을 지키는 데 도움이 된다. 또 스트레스 관리와 취미 생활 등으로 정신적 안녕을 꾀해야 한다. 스트레스 관리법이나 명상, 일기 쓰기, 취미 생활을 통해 자신을 돌보는 시간을 확보해야 한다. 마음 관리법을 통해 스트레스를 줄이려 애써야 한다. 건강 상태를 평가하고, 건강을 유지하는 데 필요한 생활 습관의 변화를 추구해야 한다.

40대는 은퇴와 노후를 본격적으로 준비해야 하는 시점이다. 현재의 수입과 지출을 분석하고, 미래의 재정 목표를 세워야 한다. 자산 현황을 파악하고, 부채와 자산을 명확하게 정리해야 한다. 은퇴 시기와 비상금 및 노후 자금 마련 계획을 세우고 구체적인 저축 및 투자 계획을 마련해야 한다. 리스크를 낮추고 수익률을 안정화하는 방향으로 투자 포트폴리오를 조정해야 한다. 안정적이고 건전한 가정경제 상태 유지를 목표로 해야 한다. 이런 재정 계획은 삶의 안정성을 높이고 정신적 여유를 준다.

개인의 행복은 삶에서 느끼는 성취감과 즐거움에 크게 좌우된다. 자기 계발 목표를 설정하고 평소 하고 싶었던 공부나 프로젝트에 도전하거나, 예술, 운동, 여행 등 인생의 활력을 주는 취미를 개발하면 성취감과 즐거움을 맛볼 수 있다. 자원봉사나 커뮤니티 활동 등 의미 있는 사회 기여 활동은 삶에 긍정적 영향을 미친다.

현재 삶의 평가와 10년 미래계획

마흔 살, 삶의 방향을 명확히 정리하는 것은 앞으로의 삶을 더욱 풍성하고 의미 있게 만든다. 삶을 더욱 의미 있게 설계할 수 있다. 현재 삶의 평가와 10년 미래계획 예시를 참고하면 '나의 현재와 미래계획'을 작성하는 데 도움을 받을 수 있다. 그걸 나름대로 정리해 자서전에 넣으면 된다. 다음은 예시다.

◇현재 삶의 평가

1. 건강

– 최근 체중이 증가하고 운동 부족으로 활력이 떨어짐.

– 스트레스가 많아 가끔 불면증을 경험함.

– 정기적인 건강검진을 받지 않아 건강 상태에 대한 명확한 정보 부족.

2. 직업 및 경제적 상태

– 현재 회사의 중간관리자로 근무 중이며 안정적이나 더 이상의 승진이나 성장 가능성이 작다고 느껴짐.

– 저축과 투자 계획이 미흡하여 노후 준비가 부족함.

마흔 즈음 · 263

- 부채는 없으나 충분한 비상금이 없는 상태.

3. 가족 및 관계

- 아내와 결혼 12년 차로 관계는 원만하나 일상적인 소통과 공유 시간
  이 부족함.

- 두 자녀(초등 3학년, 유치원생)와 보내는 시간이 부족하다고 느낌.

- 오랜 친구들과는 연락이 점차 줄어들어 외로움과 고립감을 느낌.

4. 자기 계발 및 개인적 성장

- 최근 5년간 별도의 자기 계발이나 새로운 취미 생활을 하지 못함.

- 업무 관련 전문지식 외에 새로운 분야에 관한 공부나 호기심이 줄어
  듦.

◇10년 미래계획

1. 건강관리 계획

- 매년 정기 건강검진을 해서 건강 상태 점검.

- 주 3회 이상 운동(걷기, 자전거 타기, 헬스 중 선택). 체중을 현 78kg
  에서 70kg으로 감량.

- 매일 10분씩 명상 또는 요가를 해서 스트레스 관리 및 수면의 질 향

상.

2. 직업 및 경제적 계획

– 향후 2년 내 경영학석사(MBA) 과정을 이수해서 승진 또는 이직 기회 마련.

– 매월 소득의 20% 이상을 노후 준비를 위한 투자(연금저축, ETF 등)에 할당.

– 향후 5년 안에 비상금(생활비 6개월 치)을 마련해서 경제적 안정성 확보.

3. 가족 및 관계 개선 계획

– 매주 일요일은 가족의 날로 정해서 아내 및 자녀와 함께 시간을 보내고, 여행 또는 문화생활(영화, 전시회 등)을 정기적으로 즐기기.

– 매일 30분 이상 아내와 일과를 공유하며 소통의 시간을 가짐.

– 한 달에 한 번씩 친구들과 만나 친밀한 관계 유지 및 사회적 고립 예방.

4. 자기 계발 및 개인적 성장 계획

– 매년 새로운 분야(사진 촬영, 목공예 등)의 취미 생활을 하나씩 도전해서 개인적 성장을 이루고 삶의 활력을 찾기.

- 매달 2권 이상의 책을 읽고 독서 노트를 작성해서 지식의 폭을 넓히고 통찰력 향상.
- 인문학 강좌 또는 세미나를 연 2회 이상 참석해서 삶의 의미와 목적에 대한 깊이 있는 이해를 추구.

◇점검 및 보완 계획
- 위의 계획에 따라 매년 생일마다 1년의 성과를 돌아보고 평가해서 수정 보완함.
- 아내 및 가까운 친구와 계획과 실천사항을 공유하고 피드백을 받으며 현실적이고 지속 가능한 방식으로 관리.

ㅁㅎㅇㅆㄴㅈㅅㅈ

켈리 최
일으켜 세운 확언

마흔에 빚이 10억 원 있었다. 지금은 연간 매출 6,000억 원이 넘는 기업 경영자다. 베스트셀러 《파리에서 도시락을 파는 여자》《웰씽킹》의 저자 켈리 최 이야기다. 그녀는 젊은 시절 친구와 함께 광고회사를 차렸다가 쫄딱 망했다. 나이 마흔에 적지 않은 빚을 졌다. 빈손이었지만, 땀 흘려 글로벌기업 〈켈리델리〉를 일궜다. 이 회사는 초밥 도시락을 판매하는 프랜차이즈 기업으로 유럽 전역에 1,200개가 넘는 매장을 보유하고 있다.

그녀에게 무슨 특별한 능력이 있었던 걸까. 미래를 긍정했다. 아침 확언은 수단 중 하나였다. 지금은 유튜브에 올려 일반인들도 따라 할 수 있다. 그가 들려준 아침 확언의 주요 내용은 다음과 같다.

마흔 즈음 · 267

"오늘도 기대되는 하루가 시작되었다."

"나는 부자다. 나는 행복한 사람이다. 나는 긍정의 왕이다."

"나는 명확한 꿈과 목표를 가지고 있고, 그것이 정확히 언제 어떻게 실현될지를 잘 알고 있다."

"나는 나를 사랑할 줄 알고 사랑받는 부자다."

"매일 기적 같은 하루하루가 감사하다."

연구자들은 자기 확언(self-affirmation)을 "개인이 자신의 긍정적 특성을 스스로 반복하여 상기함으로써 내적 동기와 행동 변화를 유도하는 과정"이라고 정의한다. 자기 계발에 관심 있는 사람, 특별한 목표를 이루고 결과를 얻으려는 사람들이 즐겨 활용한다.

개중에는 유명인들도 있다. 미국의 전설적 복서 마이크 타이슨 (Mike Tyson 1966~)은 경기 직전 "링 안에 들어선 순간 나는 신이 돼. 아무도 나를 이길 수 없지. 나는 세상을 놀라게 할 거야"라고 되뇌곤 했다. 타이슨은 보기와 달리 소심했는데 훈련을 많이 했어도 링에 오르는 걸 두려워했다. 그런 타이슨에게 코치는 긍정 확언을 권했고, 그 덕을 톡톡히 봤다고 알려졌다.

확언의 효험은 연구로도 확인됐다. 캐나다 온타리오주 워털루대학교(University of Waterloo)와 미국 미시간대학교(University of

Michigan)의 공동 연구에 따르면, 긍정적 자기 대화를 반복하면 목표 달성 확률이 높아지는 것으로 나타났다. 실험 그룹은 긍정적 자기 대화를 하루 5회 7일간 반복하도록 하고, 통제 그룹은 중립적 문장을 반복하게 시켰다. 그 결과 실험 그룹은 참가자의 75%, 통제 그룹은 45%가 목표를 달성했다. 긍정적 자기 대화, 즉 확언이 목표 달성 확률을 30% 포인트나 높이는 데 이바지한 것으로 풀이됐다. 이 연구논문은 2014년 사회심리학저널(Journal of Personality and Social Psychology)에 발표됐다.

| "기록은 행동을 지배한다" |

확언만 하더라도 충분히 기대효과를 얻을 수 있지만, 확언 내용을 글로 쓰면 성사 확률이 더 높다는 주장도 있다. 글로 쓰기는 긍정적 성공의 자아상을 만드는 3단계, 즉 '3V' 원리의 하나다. 3V는 성공 이미지를 상상하고 그리는 시각화(Visualize), 이미지를 언어로 표현하는 언어화(Verbalize), 생각을 실행하는 행동화(Vitalize)다.

언어화와 시각화, 즉 확언하고 글로 쓰면 원하는 바를 이루는 에너지를 더 효과적으로 끌어당길 수 있다. 왜? 기록이 행동을 지배하기 때문이다.

베스트셀러 《마시멜로 이야기》 작가 호아킴 데 포사다(Joachim de Posada)는 《난쟁이 피터》에서 "기록은 행동을 지배합니다. 글을 쓰는 것은 시신경과 운동 근육까지 동원되는 일이기에 뇌리에 더 강하게 각인됩니다. 결국 우리 삶을 움직이는 것은 우리의 손인 것입니다. 목표를 적어 책상 앞에 붙여두고 늘 큰 소리로 읽는 것, 그것이 바로 삶을 디자인하는 노하우입니다"라고 썼다.

글로 목표를 적을 때, 우리는 그것이 실현 가능한 계획이라는 신호를 뇌에 보낸다고 심리학자들은 말한다. 그렇게 함으로써 목표를 실현하려는 행동이 강화된다.

미국 토크쇼의 여왕 오프라 윈프리는 자신의 책상 앞에 '최고가 되자(Be the best)'라는 문구를 붙여두고, 매일 되새기며 목표를 향한 집중력을 유지했던 것으로 알려졌다. 미국 싱어송라이터 앨리샤 키스(Alicia Keys)는 "음악으로 세상을 변화시키겠다"는 문구를 적어 항상 지니고 다녔으며, 이는 그녀가 아티스트로서 비전을 확립하는 데 도움을 주었다고 한다. 그 덕분인지 키스는 대중음악 평론지에서 '역사상 가장 존경받는 뮤지션 100인', 〈타임〉에서 2005년과 2017년 '전 세계에서 가장 영향력 있는 인물 100인'으로 선정되기도 했다.

목표를 글로 쓰는 행위가 달성률을 더 높인다는 사실을 보여주는 연구 결과도 있다. 미국 도미니칸대학교(Dominican University OF

California) 심리학 교수인 게일 매튜스(Gail Matthews) 박사가 2007년 여름 수행한 연구가 유명하다. 매튜스 교수가 267명을 대상으로 조사한 결과 목표를 막연히 생각만 한 첫 번째 그룹은 목표 달성률이 0%였다. 목표를 글로 작성한 두 번째 그룹의 목표 달성률은 43%, 목표를 설정하고 글로 적은 뒤 실행 계획을 수립한 세 번째 그룹은 목표 달성률이 62%였다. 목표를 설정한 뒤 글로 적고 실행 계획을 짠 뒤 친구들에게 목표를 공표한 그룹은 달성률이 76%에 달했다. 마지막 다섯 번째 그룹에는 목표를 세우고 실행 계획을 수립해서 친구들에게 그 사실을 공유하고, 매주 진행 상황을 보고하게 했더니 목표 달성률이 무려 90%나 됐다.

목표를 무작정 글로 적기보다는 몇 가지 조건을 고려해 작성해야 달성률을 높일 수 있다. 무엇보다 목표가 구체적이어야 한다. 또 긍정적 문구가 좋으며, 눈에 잘 띄는 곳에 두고, 진행 상황을 수시로 점검해야 한다.

"성공하고 싶다"보다는 "1년 이내 매출을 30% 늘리겠다"가 낫다. 측정할 수 있고, 사실적이어야 한다. 목표가 구체적일 때 실행 계획을 세우고 실천하기 쉽다.

또 "실패하지 않겠다"보다 "성공하겠다"가 더 좋다. 뇌가 긍정적 이미지를 떠올리고 행동하도록 돕기 때문이다.

목표를 적은 종이는 잘 브이는 곳에 두어야 한다. 반복적으로 시각을 자극함으로써 목표를 상기시켜 계속해서 동기를 부여할 수 있다.

매주 또는 매월 목표 성취도를 평가하는 등 진행 상황을 수시로 점검하고 필요하면 수정하는 게 좋다.

목표를 글로 적어 눈에 보이는 곳에 두라는 권고는 자기 계발에 심취한 사람들이 고안한 의례(儀禮)가 아니다. 이는 심리학적, 행동학적, 신경과학적 근거를 기반으로 한 과학적 충고다.

| 미래자서전은 과거형으로 쓴다 |

'쓰면 이루어진다'라는 주문(呪文) 같은 말은 자서전에도 적용된다. '미래자서전'이다. 자서전은 살아온 날을 기록하는 거 아닌가? 미래자서전이라니?

미래자서전은 개인의 성장과 변화, 삶의 방향을 설정하는 강력한 도구로 쓰인다. 가장 큰 목적은 '나의 미래를 명확히 하는 것'이다.

미래자서전을 쓰면서 미래의 자기 모습을 세세히 그려봄으로써 진정으로 원하는 삶을 발견할 수 있다. 미래자서전은 앞으로 어떤 삶을 살고 싶은지, 그 목표와 방향을 설정하는 데 강력한 지침서 역할을 한다. 목표가 뚜렷하면 모든 행동은 그 목표를 향해 나아가는 강력한 힘으로 작용한다. 그 힘으로 원하는 목표를 달성할 수 있다.

미래자서전은 현재까지 살아온 자신의 인생을 돌아보고 평가하는 과정이기도 하다. 과거의 선택과 현재 상황을 돌아보며 인생의 중요한 가치와 목표를 다시 설정하고 삶을 재정비할 수 있게 해준다.

미래자서전은 자신의 꿈과 목표를 이루는 자기암시의 도구로도 매우 유용하다. 미래의 자신을 자세히 상상하고 글로 기록하면, 무의식에 강력한 메시지를 전달하는 효과가 있다. 미래자서전은 자기 암시하기에 가장 실천적인 글쓰기 도구다.

미래자서전은 막연한 불안을 현실성 있는 계획으로 대체함으로써 심리적 안정감과 삶에 대한 통제감과 자신감을 주며, 원하는 삶을 적극적으로 창조할 수 있게 도와준다.

이런 효용 덕에 임직원어게 미래자서전을 쓰게 해서 개인적, 직업적 비전을 확실히 할 수 있게 돕는 기업도 있다. 또 학교에서는 진로를 탐색하고, 미래를 설계할 수 있도록 미래자서전을 활용하고 있다. 이는 미래자서전이 개인의 성장, 조직의 발전을 위해 유용한 방법으로 자리 잡고 있음을 보여준다.

미래자서전에는 내 삶을 재점검하고 성찰하는 내용을 담아야 한다. 내가 어떤 사람인지, 어떤 가치를 지니고 살아왔는지, 나의 강점과 약점, 보완하고 싶은 점은 무엇인지, 앞으로 삶에서 가장 중요하게 여기는 가치는 무엇인지 등을 써야 한다. 깊은 자아 성찰을 하면 진정 원하는

마흔 즈음 · 273

미래가 보인다.

미래자서전에는 목표와 비전을 담아야 한다. 목표는 현실적이고 실천할 수 있어야 한다. 가슴 뛰게 하는 이상적 목표도 함께 설정할 수 있다. 이루고 싶은 인생의 최종 목표, 10년 뒤(50세), 20년 뒤(60세), 은퇴 이후 삶의 모습, 경제적 목표 및 재정 관리계획, 가족관계나 친구 관계 속에서 이루고 싶은 모습도 포함하면 좋다. 이런 작업을 통해 삶의 동기와 의미를 찾을 수 있다.

미래자서전도 이상과 현실의 균형을 이뤄야 한다. 꿈은 높게 설정하되 현실적 제약 조건도 고려해야 한다. 이상과 현실 사이에서 선택할 적절한 균형점은 무엇인지, 현재의 환경과 현실적인 조건을 극복할 방법은 무엇인지 고민해야 한다. 이런 고민을 하면 꿈을 실제로 이루기 위한 전략을 짤 수 있다.

미래자서전은 10년 후, 20년 후의 나에게 보내는 편지 형식의 메시지를 포함하는 것이 매우 효과적이다. 미래의 나에게 해주고 싶은 격려와 당부, 시간이 지나도 변치 않기를 바라는 나의 신념과 가치, 미래의 내가 마주할지도 모르는 어려움과 극복 방안 등을 담으면 된다.

미래자서전을 꾸준히 기록하고 관리하는 습관을 들이면, 미래의 내 삶을 제대로 관리할 수 있다. 생일 등 특정일에 정기적으로 내용을 수정하고 보완하면 더욱 생생하고 살아있는 미래자서전을 쓸 수 있다.

미래자서전은 미래형이 아니라 과거형이나 현재 완료형으로 쓴다. '~할 것이다'가 아니라 '~했다'로 쓴다. '이룰 것이다'가 아니라 '이뤘다'라고 한다. 기정사실로 하는 것이다. 그렇게 표현하면 더욱 현실감이 느껴진다. 사진이나 그림 등 시각적 요소를 더하면 생생한 미래를 그리는 데 도움이 된다. 진심을 담아 솔직하게 써야 한다. 진정으로 원하는 모습을 표현하는 것이 중요하다.

미래자서전을 쓸 때도 미래 연보를 만들면 쓰기가 좀 더 쉽다. 예를 들면 43세 가족과 해외여행, 49세 1인 기업 창업 등 나이와 내용 등을 넣은 연보를 만들고 미래자서전을 쓰는 게 편하다.

미래연보 예시

다음은 미래의 삶을 상상하여 구성한 1985년생의 미래 연보 예시다. 미래 연보를 잘 만들려면 먼저 현실적 목표를 설정해야 한다. 막연한 희망보다는 실현할 수 있는 목표 위주로 만들면 달성할 가능성이 커진다. 또 시대의 흐름을 반영해야 한다. 사회적 흐름을 예측하고 자기 삶과 연결하면 더욱 실현성 있는 계획이 된다. 정기적으로 수정해야 한다. 시간이 지남에 따라 환경과 목표가 바뀔 수 있으므로, 주기적으로 수정하고 보완해야 한다.

연도	나이	개인적 사건 및 경험	사회적-역사적 사건
2026	41	평생직업과 노후 준비를 위해 전문 자격증 취득	AI 및 로봇으로 산업구조 재편 가속화
2027	42	노후에 대비해 개인연금 가입 및 재무설계 완료	한국 사회 초고령화 본격화
2028	43	가족과 해외여행(유럽 등)	메타버스 상용화 확대
2029	44	지역 커뮤니티 봉사활동 참여, 사회적 관계망 확장	친환경·ESG 중심 사회 전환 본격화
2030	45	각종 시민단체 참여. 사회적 책임감 실천	남북 관계 개선 움직임
2031	46	자율주행차 구입. 공유경제 적극 활용	스마트 시티 생활 본격화
2032	47	도시와 농촌을 오가는 생활방식 계획 세우기	인구감소와 지방 소멸 위기 심화
2033	48	건강검진 정기화 및 개인 맞춤형 건강관리 시작	AI 기반 개인 맞춤 의료서비스 확대
2034	49	현재 종사하는 업종에서 1인 기업 창업	4차 산업혁명 성숙기 진입
2035	50	제2의 인생 설계를 위한 두 번째 자서전 집필	백세 시대에 따른 사회적 논의 확대

자서전 쓰기
10단계 가이드

1. 목적과 타깃 정하기

왜, 누구를 위해, 무엇을 쓸지부터 결정해야 한다.

자기 성찰을 위한 것인지, 후세에 남길 기록인지,

세상에 알리고 싶은 것인지, 미래 설계를 위한

것인지, 목적을 분명히 해야 한다.

또 본인, 가족, 친구, 자신 등 누구를 대상으로 쓰는지

타깃을 특정해야 한다. 그에 따라 내용과 깊이,

문체가 결정된다.

2. 연보 작성하기

살면서 겪은 사건을 연대기별로 정리해 참고하면

자서전 쓰기가 한결 쉽다. 태어난 해부터 현재까지,

5년 단위 혹은 사건별로 작성하면 된다. 개인사와

더불어 시대적 사건, 사회적 맥락도 함께 기록하고
연계해서 자서전을 쓰면 더 깊이 있는 글을 쓸 수
있다.

3. 레마별로 글쓰기

주제에 따라 글을 쓰고 자서전을 구성할 수 있다.
예를 들면 가족, 사랑, 직업, 실패, 성장, 전환점,
가치관 등의 주제별로 글을 쓸 수 있다.

4. 에피소드 선별하기

살면서 경험한 각종 에피소드 중에서 의미 있는 것을
중심으로 쓸 것을 정해야 한다. 기억에 남는 장면,
전환점, 인생 교훈을 준 순간 등을 고르면 된다. 또
감정이 강하게 남은 장면, 실패나 상처도 자서전에
쓰기 좋은 에피소드다.

자서전 쓰기
10단계 가이드

5. 시점과 문체 결정하기

대부분 자서전은 1인칭 회고 형식으로 쓴다. 출판이 목표라면 따뜻하고 진솔한 문체를 유지하는 것이 좋다. 그래야 독자의 공감도를 높일 수 있다. 모든 글은 말하듯이, 즉 구어체로 쓰는 것이 낫다. 쓰고 읽기 쉽다.

6. 초고 집필

글은 쓰고 다듬는다는 생각으로 접근해야 한다. 그래야 부담감이 덜하다. 매일 습관적으로 쓰는 것이 좋다. 특정한 시간과 장소를 정해서 30분이면 30분, 1시간이면 1시간씩 쓰는 버릇을 들이면 글이 몸에 익어 글쓰기 부담을 덜 느낀다. 녹음해서 음성을 글로 바꾸어서 고치면 작업속도를 높일 수 있다. 솔직하게 쓰는 게 가장 중요하다.

7. 검토

타인에 대해서는 신중하게 표현해야 한다. 실명을 거론할 때는 동의를 받고, 민감한 내용은 사실확인을 철저히 해야 한다. 자칫 사실 왜곡, 명예훼손, 초상권 침해 등으로 갈등이 발생할 수 있다. 문제 부분은 검토단계에서 수정해야 한다.

8. 구조 점검 및 재배열

글의 흐름이 자연스러운지, 문장이 꼬인 부분은 없는지, 중복되는 내용은 없는지 살펴야 한다. 초고를 프린트해서 소리 내 읽으면 오류를 더 잘 발견할 수 있다. 초고를 일정 시간 묵혔다가 보면 구조적인 문제점들이 더 도드라져 보인다. 시간 흐름이 잘 유지 됐는지, 테마나 에피소드가 마음먹은 흐름을 유지하는지 확인해야 한다.

자서전 쓰기
10단계 가이드 10 STEPS OF WRITING AUTOBIOGRAPHY

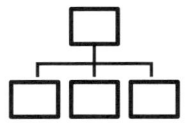

9. 제목, 프롤로그, 에필로그 작성

제목은 핵심 메시지를 집약해 지어야 한다.

프롤로그는 자서전을 왜 썼는지를 중심으로 쓰면

무리가 없다. 에필로그는 쓰면서 느꼈던 바를 적든가,

새로운 다짐을 밝히는 공간이다.

10. 교정, 편집, 출간 준비

출판이 목적이었다면 초고를 완성한 후 맞춤법과

문장부터 바로잡아 최종 원고를 만들어야 한다. 이후

자비출판으로 할지, 출판사에 투고해 기획출판을

제안할지 결정해야 한다. 최근에는 주문형

출판(POD, Print On Demand)으로 내는 자서전도

많다.

마흔에
쓰는
자서전

© 데이브

2025년 06월 25일 1판 1쇄 인쇄
2025년 07월 04일 1판 1쇄 발행

지음   데이브
편집   이주현
교정   이상헌
그림   배은미
디자인   디자인팜

펴낸이   이건우
펴낸곳   일리
인 쇄   금비피앤피

출판등록 2005년 1월 12일 제 300-2005-6호
주소   06634 서울 서초구 서초중앙로18길 43, 5층(서초동, 율전빌딩)
전화   02-3673-1212, 팩스 050-4476-2497
이메일   eeleebooks@naver.com

*이 책은 저작권법에 따라 보호받고 있습니다.
ISBN 978-89-97008-54-4 03800